O INCONSCIENTE

PARA LER FREUD
Organização de Nina Saroldi

O INCONSCIENTE
Onde mora o desejo

Por Daniel Omar Perez

7ª edição

CIVILIZAÇÃO BRASILEIRA
2024

Copyright © Daniel Omar Perez, 2012

Capa e projeto gráfico de miolo
Gabinete de Artes/Axel Sande

CIP-BRASIL. CATALOGAÇÃO NA FONTE
SINDICATO NACIONAL DOS EDITORES DE LIVROS, RJ

	Perez, Daniel Omar, 1968-
P514i	O inconsciente: onde mora o desejo/Daniel Omar Perez. –
7ª ed.	7ª ed. – Rio de Janeiro: Civilização Brasileira, 2024.
	(Para Ler Freud)

ISBN 978-85-200-0853-9

1. Freud, Sigmund, 1856-1939. 2. Inconsciente (Psicologia).
3. Psicanálise. I. Título. II. Série.

CDD: 150.1952

12-3678 CDU: 159.964.2

Todos os direitos reservados. Proibida a reprodução, armazenamento ou transmissão de partes deste livro, através de quaisquer meios, sem prévia autorização por escrito.

Texto revisado segundo o Acordo Ortográfico da Língua Portuguesa de 1990.

Direitos desta edição adquiridos pela
EDITORA CIVILIZAÇÃO BRASILEIRA
Um selo da
EDITORA JOSÉ OLYMPIO LTDA.
Rua Argentina, 171 – 20921-380 – Rio de Janeiro, RJ – Tel.: (21) 2585-2000

Seja um leitor preferencial Record.
Cadastre-se no site www.record.com.br e receba
informações sobre nossos lançamentos e nossas promoções.

Atendimento e venda direta ao leitor:
sac@record.com.br

Impresso no Brasil
2024

SUMÁRIO

Apresentação da coleção	9
Prefácio	13
PARTE I: APROXIMAÇÃO	19
A cena da loucura	21
Aqui começa a psicanálise: a terceira causalidade	24
As abstrações de Sigmund Freud: elementos fundamentais de uma metapsicologia	36
Pulsões e vicissitudes	44
O processo da repressão	50
O Inconsciente, uma história na história do pensamento	53
O Inconsciente, uma pré-história na história da psicanálise	59
PARTE II: O TEXTO DE 1915	77
O Inconsciente	79
Qual é a relação do Inconsciente com a pulsão e a repressão?	88
O que é o Inconsciente então?	91
O Inconsciente: uma suposição necessária	92

O Inconsciente: uma suposição legítima	**94**
A vida em excesso	98
O que seria então consciência?	**100**
O que seriam estados latentes?	**107**
Como se passa de um sistema Inconsciente para outro Consciente?	**110**
É possível então conhecer o Inconsciente?	**111**
A verdade, a cura e a transformação	114
Então, a questão é tornar consciente o inconsciente para que se produza a cura psicanalítica?	**118**
Recordar, repetir, elaborar	119
Há sentimentos inconscientes?	**121**
Como podemos fazer uma descrição metapsicológica do processo de recalque nas três neuroses de transferência?	**122**
O mecanismo do medo	122
O mecanismo dos ferimentos reiterados	126
O que acontece com o recalque nas neuroses narcísicas, ou com a esquizofrenia, do ponto de vista metapsicológico?	**133**

PARTE III: AS RELAÇÕES DE O *INCONSCIENTE* OU *METAPSICOLOGIA* COM CLÍNICA 139

Os médicos também têm inconsciente, ou *Algumas observações sobre o conceito do Inconsciente na psicanálise* 142

Do que você está rindo? Ou *O chiste e sua relação com o Inconsciente* 145

Eu posso explicar! Ou *Psicopatologia da vida cotidiana* 149

Não era apenas um sonho... 151

Algumas considerações gerais 158

Observações sobre a psicanálise e as neurociências 160

Sobre o Inconsciente entre a clínica e a filosofia 167

Epílogo 177

Bibliografia 181

Cronologia de Sigmund Freud 187

Outros títulos da coleção Para Ler Freud 193

APRESENTAÇÃO DA COLEÇÃO

Em 1939, morria em Londres Sigmund Freud. Hoje, passadas tantas décadas, cabe perguntar por que ler Freud e, mais ainda, qual a importância de lançar uma coleção cujo objetivo é despertar a curiosidade a respeito de sua obra.

Será que vale a pena ler Freud porque ele criou um campo novo do saber, um ramo da psicologia situado entre a filosofia e a medicina, batizado de psicanálise?

Será que o lemos porque ele criou, ou reinventou, conceitos como os de inconsciente e recalque, que ultrapassaram as fronteiras do campo psicanalítico e invadiram nosso imaginário, ao que tudo indica, definitivamente?

Será que devemos ler o mestre de Viena porque, apesar de todos os recursos farmacológicos e de toda a ampla oferta de terapias no mercado atual, ainda há muitos que acreditam na existência da alma (ou de algo semelhante), e procuram o divã para tratar de suas dores?

Será que vale ler Freud porque, como dizem os que compartilham sua língua-mãe, ele é um dos grandes estilistas da língua alemã, razão pela qual recebeu, inclusive, o prêmio Goethe?

Será que seus casos clínicos ainda são lidos por curiosidade "histórico-mundana", para conhecer as "bizarrices" da burguesia austríaca do final do século XIX e do início do XX?

Será que, em tempos narcisistas, competitivos e exibicionistas como os nossos, é reconfortante ler um investigador que não tem medo de confessar seus fracassos, e que elabora suas teorias de modo sempre aberto à crítica?

Será que Freud é lido porque é raro encontrar quem escreva como se conversasse com o leitor, fazendo dele, na verdade, um interlocutor?

É verdade que, tanto tempo depois da morte de Freud, muita coisa mudou. Novas configurações familiares e culturais e o progresso da tecnociência, por exemplo, questionam suas teorias e põem em xeque, sob alguns aspectos, sua relevância.

Todavia, chama a atenção o fato de, a despeito de todos os anestésicos — químicos ou não — que nos protegem do contato com nossas mazelas físicas e psíquicas, ainda haver gente que se disponha a deitar-se num divã e simplesmente falar, falar, repetir e elaborar, extraindo "a seco" um sentido de seu desejo para além das fórmulas prontas e dos consolos que o mundo consumista oferece — a partir de 1,99.

Cada um dos volumes desta coleção se dedica a apresentar um dos textos de Freud, selecionado segundo o critério de importância no âmbito da obra e, ao mesmo tempo, de seu interesse para a discussão de temas contemporâneos na psicanálise e fora dela. Exceção à regra são os três volumes temáticos — histeria, neurose obsessiva e complexo de Édipo —, que abordam, cada um, um espectro de textos que seriam empobrecidos se comentados em separado. No volume sobre a histeria, por exemplo, vários casos clínicos e artigos são abordados, procurando refazer o percurso do tema na obra de Freud.

A cada autor foi solicitado que apresentasse de maneira didática o texto que lhe coube, contextualizando-o na obra, e que, num segundo momento, enveredasse pelas questões que ele suscita em nossos dias. Não necessariamente psicanalistas, todos têm grande envolvimento com a obra de Freud, para além das orientações institucionais ou políticas que dominam os meios psicanalíticos. Alguns já são bem conhecidos do leitor que se interessa por psicanálise; outros são professores de filosofia ou de áreas afins, que fazem uso da obra de Freud em seus respectivos campos do saber. Pediu-se, na contramão dos tempos narcisistas, que valorizassem Freud por si mesmo e encorajassem a leitura de sua obra, por meio da arte de escrever para os não iniciados.

A editora Civilização Brasileira e eu pensamos em tudo isso ao planejarmos a coleção, mas a resposta à pergunta "por que ler Freud?" é, na verdade, bem mais simples: porque é muito bom ler Freud.

NINA SAROLDI
Coordenadora da coleção

PREFÁCIO

Não foi de modo algum simples a tarefa que propomos a Daniel Omar Perez: "traduzir" para não iniciados um dos textos seminais e mais complexos da psicanálise, aquele que em seu próprio título anuncia uma consideração inédita pela dimensão psíquica geralmente desprezada tanto pela filosofia quanto pela medicina. *O Inconsciente* pode ser considerado o texto mais importante da chamada metapsicologia freudiana, definida por Daniel como uma "tentativa de formalização que acolhe eventos singulares", e não como um modelo que possa ser aplicado a experiências de laboratório ou a algo que possa ser comprovado por meio de estatísticas. Essa, talvez, seja a maior beleza e ao mesmo tempo o maior problema da psicanálise, quando se trata de situá-la no campo do conhecimento: ela procura fazer face ao mal-estar do sujeito sem fechar-se em generalizações, enfrentando de peito aberto o desafio do *um a um*.

Na condição de psicanalista e professor de filosofia, no entanto, Daniel respondeu ao desafio exatamente como queríamos que ele o fizesse, fornecendo uma pré-história do conceito e desvelando o que há de inaugural no texto de 1915. Com paciência de filósofo para os detalhes e o passo a passo da argumentação de Freud, Daniel nos permite não só compreender o texto mas, também e sobretudo, os desafios epistemológicos que Freud se viu obrigado a enfrentar e nos quais todos os envolvidos com a psicanálise ainda continuam — resguardadas as diferenças históricas — enredados.

Se no tempo de Freud foi difícil para ele e seu círculo de discípulos enfrentar as primeiras críticas e a enorme desconfiança do meio médico em relação ao tratamento psicanalítico, hoje em dia boa parte da medicina se esforça em isolar a psicanálise em um nicho "arqueológico" dos saberes. Daniel enfrenta estas críticas sem poupar esforços, indo da neuropsicanálise à filosofia heideggeriana.

O autor aborda o artigo de Freud a partir da questão da causalidade na filosofia e na ciência da época e mostra como ele introduz, ao lado das noções de natureza e consciência, a causalidade psíquica inconsciente.

Anunciando o debate da psicanálise com vários outros saberes que perpassará o livro do começo ao fim, Daniel observa que a psicanálise sobrevive a partir, precisamente, da interrogação sobre o que ela é. Nisto, aliás, ela se assemelha à filosofia, de um lado, e de outro ao samba, porque, como ele, "agoniza mas não morre".

Comentando as incidências do artigo de Freud na clínica, Daniel ressalta a importância da travessia, com o uso da associação livre, do "muro das lamentações" que nos separa do desejo, da verdade que queremos ocultar de nós mesmos. E observa como o discurso do lamento sempre revela nossa tentativa de nos afastarmos do que relatamos, numa luta desesperada para não nos implicarmos no que nos faz sofrer. Para caracterizar a questão da equivocidade e da polissemia da linguagem, subjacente à prática clínica e sua luta contra as resistências do analisante, o autor se vale de Jacques Lacan, Ferdinand de Saussure, Gottlob Frege e Jorge Luis Borges.

Ao rastrear o termo *Inconsciente* na história da filosofia, o autor transita pelo pensamento de Plotino, Pascal e René Descartes. Resumidamente, o *Inconsciente* na história da filosofia era considerado ora um mecanismo da mente ora um princípio metafísico; ele aparecia como um limite incognoscível dos fenômenos racionais e conscientes. Freud, por sua vez, mostra como as representações mentais não são transparentes para o próprio sujeito e com isso dá ao termo outra consistência. Ele mostra como a auto-observação não é possível, como acreditavam, por exemplo, os psicólogos experimentais e estruturalistas no início da história da psicologia.

Para Freud, o *Inconsciente* se manifesta nos sonhos, nos atos falhos, no chiste e abrange tanto atos latentes quanto processos reprimidos. Nele, não há contradição ou respeito ao tempo do relógio. O recalque e o conflito o habitam e é justamente aí que a psicanálise pode intervir, em sua tentativa de tornar conscientes elementos psíquicos que se encontram inconscientes; causando um tipo de mal-estar ao sujeito que não pode ser resolvido simplesmente com introspecção e "boa vontade" racional. É fundamental para a compreensão do funcionamento psíquico o trabalho de desvelar a relação entre as instâncias da consciência, do pré-consciente e do inconsciente. Se há algo que fica claro em uma análise bem-sucedida é que, por pior que seja o sofrimento, há sempre um gozo, uma satisfação paradoxal, para além da autoconservação, acontecendo em uma destas instâncias psíquicas.

De modo contundente, Daniel observa que a tese de Freud no artigo de 1915, "como hipótese no horizonte da epistemologia das ciências naturais da época tem o fracasso garantido". E aborda a polêmica questão de saber se a psicanálise pode ou não ser incluída entre as ciências da natureza. Voltando-se para as manifestações do próprio Freud a respeito do assunto, Daniel reconhece a intenção do criador da psicanálise de fazer dela uma das ciências da natureza. Por outro lado, observa como a lida na clínica o levou a trabalhar em uma direção que o afastava destas ciências, ao menos como eram compreendidas na época.

Ao tratar da tentativa de aproximação entre neurociências e psicanálise na obra de Eric Kandel, o autor reconhece o mesmo problema: pede-se à psicanálise que abra mão de conceitos — como o próprio *inconsciente*, a *pulsão* ou a *transferência* — porque estes não cabem no conceito de natureza, mas não há nenhuma tentativa de expandir este conceito, ou ao menos de revê-lo, de considerar outra "natureza" que transcenda os fenômenos físico-químicos que se passam no cérebro.

Em uma clara demonstração de destemor no pensamento crítico, o autor defende a ideia de que a psicanálise dialogue com as novas descobertas da biologia e coloca a seguinte pergunta: será a psicanálise uma ciência ou uma poética do inconsciente? Sua conclusão, que na verdade é um convite à continuação do debate, é de que a psicanálise é um saber e uma prática que escapam constantemente às classificações epistemológicas das escolas acadêmicas.

NINA SAROLDI

PARTE I

Aproximação

"O sentido dos sintomas é inconsciente."

S. Freud, *Lições introdutórias à psicanálise.*
Lição XVIII, 1915.

A CENA DA LOUCURA

"1º de maio — Quando a vi pela primeira vez, estava deitada num sofá com a cabeça repousando numa almofada. Parecia ainda jovem e as feições eram delicadas e marcantes. O rosto tinha uma expressão tensa e penosa, as pálpebras estavam baixas e os olhos fechados; a testa apresentava profundas rugas e as dobras nasolabiais eram acentuadas. Falava em voz baixa, como se tivesse dificuldade, e a fala ficava de tempos em tempos sujeita a interrupções espásticas, a ponto de ela gaguejar. Conservava os dedos firmemente entrelaçados, e exibiam uma agitação incessante, parecida com a que ocorre na atetose. Havia frequentes movimentos convulsivos semelhantes a tiques, no rosto e nos músculos do pescoço, durante os quais alguns destes, especialmente o esternoclidomastóideo direito, se tornavam muito salientes. Além disso, ela interrompia com frequência suas observações emitindo um curioso estalido com a boca, um som impossível de imitar. O que a paciente me dizia era perfeitamente coerente e revelava um grau inusitado de instrução e inteligência. Isso fazia com que parecesse ainda mais estranho que, a cada dois ou três minutos, ela de súbito se calasse, contorcesse o rosto numa expressão de horror e nojo, estendesse a mão em minha direção, abrindo e entortando os dedos, e exclamasse numa voz alterada, carregada de angústia: 'Fique quieto! — Não diga nada! — Não me toque!'" (Freud, 1895, 55)

O fragmento do relatório clínico acima apresentado foi redigido por Freud sobre sua paciente Emmy von N., 40 anos de idade, da cidade de Livonia, durante os anos de 1888-89. Os sintomas da loucura, que o século XIX revelava ao doutor Freud, demandaram e permitiram começar a pôr em prática novos métodos de tratamento. As cenas da clínica que naqueles anos apareciam no trabalho junto a Joseph Breuer (1842-1925) não eram novas para Freud. A experiência com Jean-Martin Charcot (1825-93) no hospital La Salpêtrière (Paris), no inverno de 1885-86, mostrava um grande catálogo de 4.300 mulheres epilépticas, sem-teto, consideradas delinquentes ou decididamente loucas, cujas manifestações fenomênicas deveriam ser reclassificadas e reinterpretadas. A paisagem do hospital recriava o calvário de uma multidão de doentes mentais cujos sintomas eram observados e testados mediante hipnose.

Em *Iconographie Photographique de La Salpêtrière*, de Bourneville e Régnard (1876-80), podem ser vistas imagens de algumas das pacientes de Charcot, cuja observação e consequentes comentários que delas resultam nos permitem ter alguma noção do que se passava na observação do atendimento hospitalar.

Augustine foi para Charcot a sua *vedette* e a sua obra-prima, uma verdadeira mina iconográfica, algo como a manequim estrela do seu conceito nosológico de histeria. As suas imagens durante as crises, em diferentes atitudes passionais (crucificação, troça, ira, erotismo) são algumas das mais conhecidas do livro. Vemos Augustine olhando para cima, com as mãos unidas, numa posição que lembra imagens da iconografia das místicas cristãs; noutras fotografias, aparece em posição de crucificação ou em atitude nitidamente erótica, cruzando os braços sobre o peito como se abraçasse o amado, sorrindo, mandando beijos com a mão ou gemendo, ou com movimentos rítmicos da pélvis, dramatizando o que Paracelso chamava de *chorea lasciva*. É descrita depois ouvindo vozes ou apavorada com visões de violações, sangue, fogo, ou bestas negras como ratazanas gigantes. Lemos a transcrição dos seus discursos, a descrição do conteúdo dos seus sonhos, sonhos cujo conteúdo são matadouros, com sangue a escorrer (Gramary, 2008, 63).

Entre 1872 e 1895, Charcot trabalhou sobre aquele tipo de paciente fazendo medição das temperaturas axilar, vaginal e retal; estudou suas atividades respiratória e muscular; fez exame de sensibilidade à dor, de visão, ouvido, sensibilidade tátil e até observou a quantidade variável de suas secreções vaginais. Usando a hipnose, realizada individual ou coletivamente sobre os doentes no auditório do hospital e diante do público, podia reproduzir, produzir ou ainda alterar fenômenos patológicos conhecidos como *histéricos*. Por hipnose o professor ensinava a trocar uma manifestação sintomática por outra. Charcot permitiu definir a histeria na relação de diferença que se estabelecia com outro tipo de casos. O que impressionava Freud em seu estágio no hospital de Paris era que as histéricas tinham sintomas sem causa biológica, mas também não eram meras simuladoras conscientes de loucura. Com Charcot foi possível isolar e identificar situações complexas ou aporéticas para a terapêutica da época. De volta a Viena, com Breuer, se dedica a exercer a medicina no seu consultório e elaborar um novo modo de tratamento. A sua preocupação era constante. Como tratar clinicamente aquelas mulheres? Que tipo de teoria acolheria esses casos? Freud se interrogava sobre a possibilidade de uma clínica e para isso seria preciso que repensasse o ser humano e as condições do seu estudo. A nova técnica não poderia ser paliativa. Em outras palavras, não se tratava de encontrar um novo xarope que curasse os males presenciados; antes, era necessário indagar as condições com as quais ele mesmo contava como médico para abordar o objeto em questão: a histeria. Era preciso repensar a forma e o funcionamento do objeto e, então, transformar sua própria teoria e a correspondente prática.

AQUI COMEÇA A PSICANÁLISE: A TERCEIRA CAUSALIDADE

As invenções e descobertas realizadas pelos filósofos da natureza, tais como Copérnico (1473-1543), Galileu (1564-1642), Kepler (1571-1630) e Newton (1643-1727), desenharam a forma e o funcionamento de um mundo a partir da matematização e da relação causal dos seus objetos. Cada elemento do mundo (e o próprio mundo incluído) é quantificado de acordo com uma regra de medida. "Matematizar é fundamentalmente substituir os conceitos qualitativos por conceitos definíveis quantitativamente e deslocar para a física a ordem dedutiva da geometria. Mas é também quebrar de maneira indubitável a experiência sensível, abandonar a complexidade e a contingência das situações concretas para passar aos casos típicos, igualmente gerais, possíveis e analisáveis com a ajuda de um pequeno número de fatores e, da mesma forma, possíveis de se aplicar imediatamente, por simples particularização, aos fenômenos físicos; brevemente, matematizar é idealizar" (Clavelin, 1968, 177). Aquilo que antes era criação da obra de Deus passou a ser um mecanismo composto por regularidades previsíveis. A mecânica celeste, como a denominou Pierre Simon de Laplace (1749-1827), entregava ao homem moderno um sistema solar sem mistérios.[1] Com isso, a passagem da época medieval para a modernidade deixava sem lugar os deuses com suas vontades e colocava em pauta a causalidade dos fenômenos naturais. A natureza já não agiria por capricho ou por milagre, mas por uma causalidade que governaria seus movimentos. Assim, o conceito de causa abandonava suas pretensões metafísicas, que vinculavam coisas mundanas com forças transcendentes, para se restringir à relação entre elementos definíveis matematicamente. Era o início da ciência moderna.

Por esse caminho, no final do século XVIII, Kant (1724-1804) avançou abrindo um novo domínio. Se a natureza pode ser determinada causalmente, o agir humano, enquanto agir consciente, também pode ser determinado, não por uma causalidade natural, mas por uma

---

[1] Para uma pesquisa aprofundada da matematização da ciência moderna, ver Koyré, A. 1982.

causalidade livre. Segundo Kant, no seu livro *Crítica da razão prática* (1788), o ser humano poderia, enquanto ser racional finito, impor a si próprio um princípio de determinação das máximas que orientam a ação. Este princípio prático (ou lei moral) seria imperativo para o homem porque mandaria agir segundo uma forma, inclusive contra o próprio amor de si.

Em outras palavras, o ser humano não só agiria apenas como um objeto da natureza (obedecendo à causalidade natural), mas também o faria de acordo com representações da consciência (obedecendo a uma causalidade livre).[2] Assim, considerando meu corpo como um objeto da natureza, seria possível explicar seu deslocamento da cadeira (ponto A) até a porta (ponto B) como um movimento determinado por uma causa mecânica e impulsionado por uma força que o move de um ponto a outro. Porém, também poderia pensar, sem me contradizer, que esse mesmo movimento obedece à determinação de uma causalidade livre, a qual age sobre as representações da consciência do agente do movimento. Dessa maneira, teríamos duas causalidades para explicar o fenômeno, o que implicaria duas experiências diferentes, uma cognitiva (da razão teórica), a outra prática (da ordem das representações mentais que supõem uma vontade livre). Note-se que não se trata de postular uma liberdade a esmo, mas um segundo registro de causalidade.

---

[2]Para um estudo dos diferentes modos de determinação causal em Kant, ver Perez, D. O. (2008).

Entretanto, no início do século XX, Sigmund Freud nos apresentou outra causalidade: a causalidade psíquica inconsciente. De acordo com as observações, estudos e hipóteses de Freud, o comportamento humano não só estaria determinado por sua natureza biológica, como pode mostrar a medicina, ou por sua consciência, como expõe a razão prática — mas também pelo *Inconsciente*: outro modo de lidar com fenômenos peculiares.

Este novo regime de determinação — o *Inconsciente*— foi elaborado por Freud para dar conta de sintomas que, não tendo causa física, também não eram produtos da consciência e, mesmo assim, se apresentavam como efeitos passíveis de reconhecimento na clínica. Paralisias sem causa física, medos insensatos, ideias fixas, inibições exageradas, repetições compulsivas de atos absurdos eram situações de impossível compreensão quando representados apenas a partir dos mecanismos de determinação da natureza ou da consciência. Para os médicos e terapeutas contemporâneos a Freud, ou o fenômeno tinha uma causa física, ou uma causa consciente. Fora isso o sujeito estaria simulando, fingindo aquele sintoma. Por esse motivo, os modos de tratamento desses pacientes eram extremamente limitados. Evidentemente, aquelas imagens do hospital La Salpêtrière, as manifestações de sofrimento e angústia, as expressões de dor deixavam claro que não se tratava de mulheres mentirosas.

Foi preciso que o médico e terapeuta vienense criasse novos conceitos e registros de determinação a fim de compreender e tratar as manifestações sintomáticas sem causa física ou consciente, tais como histerias, fobias e neuroses obsessivas. Intentando fazer uma psicologia científica, Freud acabou produzindo elaborações que iriam para além da relação de oposição natureza-consciência ou causalidade natural — causalidade livre, a qual dominava o quadro epistemológico da sua época. Ainda, debatendo-se com as explicações neurológicas dos seus colegas, o autor recorreu à filosofia, mitologia, literatura e interpretação dos sonhos.[3]

Em trabalhos do final do século XIX, como é o caso do *Tratamento das afasias* (1891), Freud questionava o limite das explicações dos médicos localizacionistas, propondo a observação dos mecanismos de produção de significação e de sentido que funcionavam de um modo não consciente. Dessa maneira, passava da relação causal entre sintoma e lesão cerebral à relação entre sintoma e mecanismo (mental) de produção de sentido. Mais tarde, avançando por esse caminho, postularia a noção de *aparelho psíquico* que lhe permitiria dar maior consistência às suas elaborações teóricas sobre o novo tipo de determinação que estava sendo desenvolvido.

Desde a filosofia, pensadores como Schopenhauer (1788-1860) e Nietzsche (1844-1900) teriam oferecido elementos para pensar o conteúdo desse novo conceito.[4] Freud fez duas confissões muito importantes a esse respeito em *Contribuição à história do movimento psicanalítico* (1914). Por um lado, afirmava que, embora tivesse

---

[3]Para um estudo da articulação conceitual da obra de Freud nas suas diferentes etapas, ver Mezan, R. (2003).

[4]Para um estudo sobre as relações entre Freud e a filosofia, ver Birman, J. (2003). Ver também Assoun, P. L. (1978), Di Matteo (1983).

trabalhado individualmente na sua doutrina da repressão — fundamental para a compreensão do Inconsciente —, Otto Rank conseguira mostrar as notáveis aproximações entre sua teoria e as ideias presentes no livro de Schopenhauer, *O mundo como vontade e representação* (1819). Para Schopenhauer, a origem da loucura não estaria no intelecto, mas sim na vontade, e seria uma defesa desta contra o sofrimento insuportável do homem.[5] Por outro lado, Freud declarou que, durante um bom tempo, se privou do prazer da leitura de Nietzsche para que nenhuma *representação-expectativa* o perturbasse nas suas impressões psicanalíticas.[6] Em ambos os casos, Freud revela tanto alguma ignorância referente às elaborações filosóficas quanto sua relação de proximidade.

Os mitos, a literatura e os sonhos ocupavam o tempo de Freud desde a sua infância, o que, em idade adulta, lhe forneceu elementos ilustrativos e estruturais para dar conta de uma situação que precisava do reconhecimento de certa autonomia. Por exemplo, Shakespeare (1564-1616) e Sófocles (496-406 a.C.) aparecem durante toda a obra de Freud, e não apenas como enfeite. Cenas das obras destes autores fazem parte da articulação freudiana sobre a constituição do ser humano ou sobre o desfecho de suas ações, de modo decisivo. Não poderíamos entender a fundação da psicanálise sem *Édipo*, nem os dramas dos

---

[5]O trabalho de Cacciola (1991) aporta elementos para compreender a relação entre Schopenhauer e Freud sobre a origem da loucura e o conceito de inconsciente.
[6]Para um estudo sobre a relação entre o pensamento de Freud e Nietzsche, ver Miranda de Almeida, R. (2005).

movimentos do sujeito e das histórias familiares sem *O mercador de Veneza* ou de *Hamlet*. Do mesmo modo, não é dispensável a sua preocupação permanente com os próprios sonhos. Freud teria feito um registro escrito deles desde antes dos dez anos de idade. Todos esses elementos concorrem para a elaboração de um novo registro de determinação, no qual seu movimento é pensado à luz de noções como deslocamento, tradução, desacoplamento, condensação, contiguidade, entre outros. Tudo se passa como se este regime de nova determinação causal — a causalidade psíquica inconsciente — abrisse a possibilidade de pensar para além de meros movimentos unidirecionais e contínuos.

> Assim, a especificidade da psicanálise, bem como sua diferença para a medicina e a filosofia prática, estaria dada pelo estudo e o tratamento daquilo que encontraria sua causa não na natureza ou na consciência, mas no *Inconsciente*.

Com o propósito de localizar melhor a peculiaridade da invenção freudiana, é necessário lembrar-se do texto *Uma dificuldade da psicanálise* (1917), onde o autor localizava sua *descoberta* como sendo uma das três grandes feridas nas ilusões narcísicas da história da humanidade.

A primeira ilusão narcísica teria sido quebrada por Copérnico, quando demonstrou que a Terra e o homem não eram o centro do universo. A teoria geocêntrica, formulada amplamente no livro *Almagesto* por Ptolomeu (90-168) a partir de elaborações anteriores de astrônomos árabes e indianos, colocava o planeta Terra numa posição fixa no centro da criação. O resto dos planetas e as estrelas girariam em torno da Terra imóvel em órbitas que completariam seus movimentos em epiciclos (círculos de círculos). Este modelo foi utilizado pelo pensamento cristão durante a época medieval (entre os séculos II e XV) para ilustrar a centralidade do homem como criatura divina. Contra as afirmações aristotélicas da época medieval, Nicolas de Oresme (1323-82) especulou sobre a possibilidade de a Terra se movimentar e mais tarde Copérnico postulou essa especulação como uma hipótese: o que aconteceria se a Terra se movesse? No livro *Da revolução das esferas celestes* (1543), Copérnico fez um modelo no qual o Sol ocuparia o lugar em torno do qual girariam a Terra e os outros planetas. De acordo com a reflexão freudiana, o deslocamento copernicano não só provocava a hierarquia intelectual da igreja católica, mas também feria o narcisismo do homem da época: o ser humano não estaria no centro do universo.

Após aquele descentramento, Darwin (1809-82) teria derrubado a segunda ilusão, quando demonstrou que o ser humano não era senão o produto da evolução biológica do animal. Isso teria descentrado o homem da criação. A bordo do navio HMS *Beagle*, sob o comando do capitão Robert Fitz Roy, no dia 27 de dezembro de 1831, um jovem naturalista inglês iniciava em Devonport uma viagem intelectual sem retorno que ficou retratada no livro *Viagem de um naturalista ao redor do mundo* e em *A origem das espécies*. Sobre o primeiro texto, que é seu diário de viagem, Darwin escreveu: trata-se do resumo das observações acerca da História Natural e da Geologia (Darwin, 2003, 9). Escrito durante a própria viagem, entre momentos de pleno trabalho de observação e o enjoo que lhe causava o movimento da navegação, Darwin conseguiu gravar as primeiras impressões a partir das quais elaboraria suas hipóteses. No segundo texto, que não é outro senão aquele que mudou a história da ciência, podemos ler:

"Ao considerar a origem das espécies é totalmente lógico para um naturalista, refletindo sobre as afinidades mútuas dos seres orgânicos, sobre suas relações embriológicas, sua distribuição geográfica, sucessão geológica e outros fatos semelhantes, chegar à conclusão de que as espécies não têm sido independentemente criadas. No entanto, esta conclusão, ainda que bem fundada, não seria satisfatória até não ser demonstrado como as inúmeras espécies que habitam o mundo têm se modificado até adquirir esta perfeição de estruturas e esta adaptação mútua que causa a nossa admiração." (Darwin, 1992, 11)

É claro que Darwin não podia fazer uma viagem ao passado para constatar se realmente no tempo zero da criação as espécies tinham sido feitas cada uma individualmente e o próprio homem à semelhança do seu criador. Mas se fosse possível provar a lógica da variação seria então razoável afirmar a hipótese da evolução. Desse modo, o homem seria mais um elemento da cadeia evolutiva e não o seu centro. Mais uma vez, a reflexão freudiana mostra como esta teoria não seria uma simples explicação das mutações, mas um risco para a nossa já abalada imagem narcísica.

A terceira ilusão teria sido quebrada pelo próprio Freud não no convés de um barco nem no gabinete de um astrônomo, mas sim entre leitos hospitalares e o consultório da sua clínica. Entre suas pesquisas bibliográficas e seu trabalho clínico, demonstrou que o homem consciente não era dono das suas próprias ações, pois mecanismos inconscientes governavam a determinação dos seus atos e decisões. Isso descentrou o homem de si mesmo.

O *aparelho psíquico* teria sido, dessa forma, a descoberta de algo que funcionava sem o consentimento do próprio homem, determinando-o na série de processos mentais. Assim, teria sido possível começar a compreender fenômenos não controlados por representações mentais conscientes, tais como os sonhos, os lapsos ou atos falhos, e os sintomas como sensação de afogamento sem causa física, esquecimentos do próprio nome, fobias, condutas repetitivas que não obedecem à livre escolha do sujeito, entre outros. Não sonhamos o que queremos nem tememos por livre escolha. Tudo se passa como se em certas situações estivéssemos determinados a agir sem opções. Era a descoberta de um algo em nós que determinava nossas ações, de tal modo que estas apareciam como já não sendo nossas, mas de outrem. A clínica do doutor Freud, documentada em casos emblemáticos como o de Dora, o do homem dos lobos ou o do homem dos ratos, mostrava a peculiaridade dos fenômenos e o nascimento de um novo tratamento.

Se levarmos em conta as considerações acima realizadas e as aprofundarmos, então não haverá dúvidas de que nem a clínica nem a teoria psicanalítica poderiam existir ou progredir sem o *Inconsciente*. Entretanto, ninguém poderia deixar de afirmar a complexidade e o caráter problemático desse conceito fundamental da teoria freudiana. Esses traços podem ser mostrados na experiência de cada um dos que se aproximam da prática da psicanálise, bem como na própria história do movimento psicanalítico e seus críticos.

Durante todo o século XX, a psicanálise encontrou uma oposição bastante forte desde os objetivistas ou metodologistas. Talvez a mais popular dessas críticas tenha sido a de Karl Popper (1902-94), que desde sua teoria do falseacionismo se empenhava em mostrar a não cientificidade da teoria freudiana. Especificamente, de acordo com a interpretação popperiana, a hipótese do Inconsciente não poderia ser considerada falsa nem validada empiricamente. Seus outros conceitos fundamentais, como complexo de Édipo ou libido, não seriam senão noções sugestivas, mas nunca, em caso algum, causas demonstráveis. Assim, a psicanálise seria uma pseudociência que, junto com o marxismo, teria hipóteses onicompreensivas. Hoje o falseacionismo não é mais um critério de demarcação de cientificidade até porque nem mesmo alguns teoremas matemáticos — como o da incompletude de Gödel — se submetem a ele, mas é considerado sim um critério de confiabilidade de uma teoria científica. Embora a moda popperiana tenha passado, a interrogação sobre o estatuto da psicanálise permanece.

Atualmente, alguns analistas afirmam que a psicanálise só sobrevive graças à interrogação permanente: *O que é a psicanálise? O que é o Inconsciente?* Isto é, sua permanência só se sustenta no próprio exercício de questionamento acerca da complexidade dos seus conceitos. Porém, o fato da psicanálise conter conceitos fundamentais tão complexos e problemáticos, e de se interrogar sobre eles, não é algo privativo ou característico apenas dela. Conceitos como energia, força, espaço ou tempo são revisados e reformulados constantemente na história da física. A noção de espaço na teoria de Newton é muito diferente da que existe na teoria de Albert Einstein (1879-1955); do mesmo modo, a noção de força em Einstein é absolutamente diferente da apresentada por Max Planck (1858-1947), mas nem por isso foi decretada "a morte da física". Dessa maneira, também podemos lembrar as mudanças em conceitos como vida em biologia, sujeito e sociedade em sociologia, natureza e cultura na antropologia, verdade e realidade em filosofia, número em matemática e assim por diante. Talvez o trabalho de retomada constante dos conceitos fundamentais (tarefa de leigos e iniciados) seja o que renova a história do pensamento ocidental em todas as suas áreas, inclusive na psicanálise.

Assim sendo, parece que decidir o que é *o Inconsciente* seria fundamental para saber qual é a nossa posição com relação às formulações acerca do agir humano na perspectiva da psicanálise. Por isso, podemos dizer que este é um marco: a psicanálise começa aqui. Mas dizer que a psicanálise começa com o *Inconsciente* é tão verdadeiro quanto genérico e superficial. Para não nos demorarmos em rodeios, vamos dar mais um passo em direção ao aprofundamento da questão.

AS ABSTRAÇÕES DE SIGMUND FREUD: ELEMENTOS FUNDAMENTAIS DE UMA METAPSICOLOGIA

Perto dos 60 anos de idade, Freud acreditava que lhe restava pouco tempo de vida. Era preciso uma retomada e uma revisão geral de toda a experiência clínica e teórica da psicanálise. A herança deveria ser claramente estabelecida e, para isso, precisavam ser explicitadas as elaborações feitas a partir da clínica. *As pulsões e suas vicissitudes*, *Repressão* e *O Inconsciente* foram alguns dos trabalhos publicados por Freud em 1915 e faziam parte dos artigos sobre *metapsicologia* que apresentariam os elementos da fundamentação teórica de sua descoberta clínica.

A metapsicologia foi uma nomenclatura usada por Freud para se referir a um tipo de trabalho de abstração teórica que se propunha a dar conta do psiquismo humano de acordo com os resultados obtidos pela psicanálise. Desse modo, o trabalho da experiência clínica teria um pano de fundo teórico articulado conceitualmente, o que lhe daria maior consistência. Paralelamente à elaboração da metapsicologia, Freud ministrou uma série de conferências (conhecidas hoje como *Lições introdutórias à psicanálise* [1915-17]) perante um auditório heterogêneo que lhe permitiu desenvolver os temas fundamentais com uma linguagem didática. Nessa obra, o tratamento do tema do Inconsciente está estreitamente articulado com os casos clínicos, o que nos permite observar os elementos metapsicológicos em funcionamento e não como mera abstração desacoplada da experiência.

Freud gostava de comparar a sua metapsicologia com a metafísica, como se fosse uma espécie de *background* de fenômenos observáveis. Em *Psicopatologia da vida cotidiana* (1901), Freud realizou uma aproximação bastante estreita entre os dois campos antes mencionados. De algum modo, a escrita da metapsicologia se assemelha a uma atividade especulativa, um exercício filosófico. Mas é preciso muito cuidado para que não haja confusão, pois no caso da psicanálise não se trataria de uma visão de mundo. A metapsicologia não é um modelo explicativo, matemático ou indutivo que se sustentaria seja em experiências de laboratório passíveis de repetição indefinidamente, seja em estatísticas que confirmariam percentualmente aquilo que Freud teria afirmado de modo provisório. Não sendo uma generalização, o resultado obtido também não poderia ser confirmado ou refutado pelo número de casos específicos. Antes, é pertinente pensar o trabalho da metapsicologia como a tentativa de formalização que acolhe eventos singulares. Isto é, a teoria psicanalítica, mediante dispositivos e conceitos, pode ser entendida como um modo de elaborar formas possíveis para fazer lugar à experiência de mal-estar do ser humano e dar tratamento a isso. A primeira e a segunda tópica de Freud, as ordens do real-simbólico-imaginário, o grafo do desejo, o esquema ótico e a teoria dos nós de Lacan são acabamentos parciais de tentativas de formalização da experiência clínica. Assim, a metapsicologia freudiana faz parte do exercício de formalização psicanalítica.

O termo *metapsicologia* surge pela primeira vez em uma carta a Fliess (1858-1928) em 13 de fevereiro de 1896. Logo em seguida, em 2 de abril do mesmo ano, a palavra reaparece em outra carta, embora sem muitas elucidações. Mais tarde, em carta a Fliess, em 10 de março de 1898, o conceito é associado a um tipo de explicação ou solução diferente da biológica. Nessa oportunidade, Freud pergunta se a psicologia que ele está elaborando poderia ser chamada de metapsicologia. Porém, só a partir de 1915 que a noção é retomada e usada como a descrição de um processo psíquico, segundo suas relações dinâmica, tópica e econômica. De fato, dentro da vasta obra de Freud, os elementos metapsicológicos se encontram raramente isolados como se constituíssem um modelo explicativo independente. Freud forja seus conceitos em estreita observância ao caso clínico e seus arranjos só se fazem em relação com o próprio decorrer do tratamento. Buscar isolar ainda mais textos "metapsicológicos" e estudar suas propostas de formalização, desconsiderando o próprio uso que Freud fazia em cada problematização conceitual e em cada caso clínico, não conduzem a lugar nenhum.

Para dar um exemplo do modo de uso dos conceitos em Freud e da relação entre teoria e clínica, podemos lembrar o caso da noção de pulsão. Na conferência 32, *Angústia e vida pulsional*, de 1932, Freud afirma o caráter mitológico da pulsão. "A doutrina das pulsões é a nossa mitologia" — e dirá: "As pulsões são seres míticos, grandiosos na sua indeterminação. Em nosso trabalho nunca podemos prescindir delas, e, no entanto, não podemos vê-las com clareza." Se a pulsão tem um caráter mítico ou mitológico, então toda a metapsicologia, inclusive a noção de inconsciente, corre a mesma sorte. O conceito adquire o caráter ficcional do *como se*. Giacoia Jr. (2008, 33), apoiado na interpretação de Loparic, afirma que *o objetivo de Freud* — com os elementos da metapsicologia — *era produzir um construto esquemático* — *poder-se-ia dizer, também, metafórico* — *que fosse útil, como as ficções heurísticas de Kant, para a resolução de problemas médicos.* Nós poderíamos avançar ainda mais nisso, dizendo que a experiência analítica não só trata de resolver problemas, mas antes procura revelar a verdade do sujeito; porém — como diz Lacan na aula de 27 de março de 1957 do *Seminário 4* — essa verdade tem a estrutura de uma ficção. É por isso que Freud precisa de uma metapsicologia e de uma teoria do Édipo que, como ficções, acolham a experiência de análise do sujeito, o qual se depara com seu desejo e com as barreiras que o interditam.[7] Em convergência com esta interpretação, podemos apelar mais uma vez às palavras de Oswaldo Giacoia Jr. quando — retomando Loparic[8] — outorga à metapsicologia o caráter de uma ontologia, mas não no sentido tradicional, e sim de uma ontologia poética, uma metafísica metafórica (Giacoia Jr., 2008). Com efeito, se pensarmos

---

[7]Para um estudo da psicanálise como experiência ética e do seu estatuto científico, ver Perez (2009b).

[8]Para um estudo aprofundado da tese da interpretação metapsicológica de Loparic (2001; 2003), ver Fulgêncio (2003).

radicalmente a metáfora de Giacoia Jr., o caráter poético do empreendimento metapsicológico de Freud afastaria seu labor de qualquer tentativa de subsunção no domínio da ciência e da metafísica tradicional, e certamente isso é o que acontece.

Embora o termo *metapsicologia* só apareça expressivamente e de modo conceitual em 1915, além de outras poucas vezes na década de 1920, em um sentido amplo, como é de praxe, podemos agrupar sob essa terminologia textos dos mais variados momentos da obra de Freud, inclusive trabalhos não publicados em vida, como o *Projeto de uma psicologia para neurologistas* (1895). Entretanto, como nosso trabalho não é apresentar a metapsicologia em sua totalidade, aqui reduziremos nossas pretensões para algumas noções básicas (que indicaremos, de início brevemente, ampliando-as mais tarde) e um texto específico — *O Inconsciente* (1915) —, sem por isso nos privarmos de algumas articulações em relação com outros pontos da obra.

Pulsão — Repressão — Inconsciente

Uma das noções fundamentais da metapsicologia freudiana é a de *pulsão*. Primeiramente, podemos dizer que as pulsões seriam impulsos que levariam o ser humano a se alimentar e procriar. Isto indicaria dois tipos de pulsões ou impulsos. O primeiro tipo de impulso é chamado de *pulsões de autoconservação*, já o segundo tipo é denominado *pulsões sexuais*. A pulsão não tem uma referência direta a objetos específicos perceptíveis através da sensibilidade, nem pode ser construída tal qual por objetos matemáticos ou geométricos. Mesmo que procurássemos exaustivamente não poderíamos ver um pedaço de pulsão em estado puro de modo que possamos ostensivamente indicar a referência do conceito. Algo semelhante acontece com a noção de força gravitacional a distância na física de Newton. Ninguém jamais viu um pedaço dessa força como quem vê uma porta, mas nem por isso o conceito deixa de fazer sentido. Trata-se de um termo abstrato e com uma precisa abrangência semântica, do qual só podemos ter uma apresentação indireta por meio dos seus efeitos ou, no caso específico da pulsão, dos *representantes pulsionais*.[9]

É importante destacar que esta divisão em dois tipos de pulsões, segundo Freud em *As pulsões e suas vicissitudes* (1915), é uma construção auxiliar que deve ser sustentada enquanto for útil, servindo como uma premissa necessária para acolher a experiência clínica, mas nada que seja absolutamente objetivado. De fato, mais tarde Freud deixará de encontrar utilidade nesta classificação das pulsões apresentada no início, e passará a uma segunda teoria das pulsões (de vida e de morte). Freud era mais pragmático do que muitos exegetas da sua obra gostariam. As mudanças teóricas e seus rearranjos têm o ritmo que impõe cada novo caso clínico. Quem estiver procurando

---

[9]Para um estudo sobre a pulsão, ver Hanns, L. (1999). Ver também Loparic, Z. (1999).

modelos explicativos acabados como se fossem alguma espécie de lógica infalível ou metafísica imutável na obra de Freud estará perdendo tempo. Porém, isso não significa que esteja se tratando do devaneio de um paciente solitário. Freud acolhia a experiência analítica em conceitos e dispositivos teóricos que lhe permitiam construir[10] o caso clínico dando, deste modo, tratamento ao mal-estar. Quando os conceitos e dispositivos eram insuficientes para levar adiante seu trabalho, então mudava, como é o caso na teoria das pulsões.

Uma segunda noção indispensável da metapsicologia é a de *repressão*. Brevemente poderíamos dizer que a pulsão ou impulso busca satisfação ou descarga, mas no caminho encontra resistências, e a repressão é uma delas. A repressão se origina de um conflito oriundo entre a parte do psiquismo, para a qual a satisfação produz prazer, e a parte para a qual este prazer se mostra inconciliável com suas exigências. Para Freud, *a sensação de desprazer está relacionada a um crescimento da excitação, e a sensação de prazer a uma diminuição desta*. Nessa dialética se desenvolve a satisfação da pulsão e a repressão do representante pulsional. Assim, no sujeito se reprime não a força do impulso, mas o representante dessa força. Desenvolveremos isto amplamente mais adiante.

Uma terceira noção básica da metapsicologia freudiana é, finalmente, a de *Inconsciente*. A forma ou modelo de funcionamento psíquico apresentado por Sigmund

---

[10]Para um estudo sobre a noção de construção na psicanálise freudiana, ver Vegas, M. Z. (2008).

Freud em 1915, que ficou conhecida como a *primeira tópica*, era constituída por um aparelho de três sistemas: Inconsciente — Pré-consciente — Consciente. Nesse período, também encontramos a *primeira teoria das pulsões* (por um lado, pulsões de autoconservação e, por outro, pulsões sexuais), fundada no *princípio de prazer-desprazer*. Mais tarde, apareceram outros elementos, como *relações de objeto, identificações, amor-ódio, sentimento de culpa inconsciente*, a reformulação do narcisismo etc., que vieram a dar origem à *segunda tópica* e à *segunda teoria das pulsões*, a saber: Id — Ego — Superego e pulsões de vida e de morte, respectivamente.

É preciso advertir que, neste caso, não se trata de dois modelos que neguem e superem um ao outro em um movimento de expressão hegeliana do espírito, mas de elementos utilizados para articular a experiência de análise na clínica. Freud utiliza-se das duas tópicas sem que isso se apresente como inconsistente ou contraditório. A escolha dos conceitos obedece ao próprio desenvolvimento do trabalho clínico. Por isso, não se pode dissociar o trabalho clínico do trabalho de elaboração teórica dos conceitos, para constituir uma teoria separada da prática. Isso não só é algo que o próprio Freud nunca fez, nem faria, mas que vai contra a própria experiência psicanalítica e o saber que daí se desenvolve. A experiência analítica é acolhida permanentemente em conceitos abstratos que se modificam no movimento da obra e que se apresentam articulados na metapsicologia. Porém, isso não significa tratar as coisas reais como se fossem abstratas e as abstratas como se fossem reais.

Apesar de a psicanálise ter uma relação estreita com alguns temas da filosofia e com algumas ciências, não tem vocação explicativa generalista — a partir de dados objetivados, como seria o caso dos saberes meramente empíricos — ou uma vocação visionária — segundo uma ideia primeira, como seria o caso de uma religião ou qualquer tipo de saber como visão de mundo. O que está em jogo é a eficácia do tratamento acolhido em conceitos e não sua mera explicação. Não adianta explicar para o pai da criança a mudez da filha, é preciso que ela fale. Isso também não significa apenas corrigir a disfunção de superfície, mas sim explorar o saber inconsciente onde habita o desejo, o recalque e, consequentemente, o silêncio da criança. Dito brutalmente: é preciso se perguntar pelo saber inconsciente que amordaça a criança no sintoma da mudez, a qual lhe impede de falar aquilo que é dito aos gritos em seu sofrimento silencioso.

A seguir, como numa volta de espiral, retomaremos os traços dos conceitos de pulsão e de repressão, bem como sua articulação, para nos dirigirmos finalmente ao texto *O Inconsciente*.

PULSÕES E VICISSITUDES

Trieb é o termo alemão utilizado por Freud para aquilo que chamamos de *pulsão*, ou impulso, ou até mesmo instinto. Sua caracterização básica pode ser enunciada do seguinte modo: trata-se de um *impulso* dinâmico (*Drang*) delimitado por *fonte*, *finalidade* e *objeto*.

Esses são os aspectos da pulsão: impulso, fonte, finalidade, objeto.

A *fonte* de uma pulsão — de acordo com Freud — é sempre o processo somático que é localizado em um organismo ou uma parte do corpo — porém, um detalhe produz a diferença: a sua excitação é representada na vida psíquica pela pulsão; além disso, a finalidade é sempre a obtenção de satisfação e seu objeto — isto é, aquilo com o que a pulsão se satisfaz — é variável (sem ser qualquer um, pode ser um dentre todos), e a princípio pode ser qualquer objeto exterior — como outra pessoa —, mas também pode ser uma parte do próprio corpo.

Mesmo que a pulsão esteja ligada à necessidade de se alimentar e de procurar satisfação sexual, ela não pode ser confundida com necessidade natural, como definida pela biologia. Trata-se, seguindo o raciocínio de Freud, de um conceito limítrofe entre o psíquico e o somático, como o representante psíquico das excitações, oriundas do interior do corpo e que chegam ao psiquismo, como uma medida que lhe é imposta em consequência de sua própria ligação com o corpo. A pulsão, no sentido descrito acima, está no limite do corpo biológico e se constitui na ordem das representações mentais ou da alma, sem por isso se reduzir a uma representação da consciência (Freud, 1915a, 2041). Usando uma figura de linguagem obscena, poderíamos dizer que a pulsão se encontra entre a carne e a palavra.

A relação entre os dois tipos de pulsões ocorre do seguinte modo: as pulsões sexuais se apoiam nas pulsões de autoconservação, obtendo assim uma fonte orgânica, uma finalidade e um objeto; contudo, se tornam autônomas quando abandonam o objeto ou o substituem por outro. Por exemplo, a relação entre a necessidade de alimento do bebê na sucção do seio materno ou da mamadeira, juntamente com a satisfação da zona erógena da boca dessa mesma criança, pode nos dar uma ideia da relação entre autoconservação e sexualidade na imbricação dos dois tipos de pulsões. Em *Três ensaios para uma teoria sexual* (1905), Freud fornece ilustrações de situações precisas deste modo de funcionamento pulsional. O bebê se nutre e se satisfaz, e quando não está satisfeito continua sugando o peito ainda depois de ter-se nutrido até acabar dormindo com a boca no peito e o corpo nos braços da mãe. O peito na boca da criança cumpre uma função biológica de fornecer nutrientes para o corpo do bebê e também cria uma zona erógena. Isto é, o estímulo do peito na boca cria uma área diferenciada do corpo, onde o mero toque produz algum tipo de excitação distinta da que se pode descobrir em outras zonas (Freud, 1905, 1.200).

A separação entre ambos os tipos de pulsões pode produzir o conflito que desencadeia o que Freud denominou de *neuroses de transferência* (ou histeria de angústia, histeria de conversão e neurose obsessiva). As pulsões de autoconservação ou pulsões do ego — de acordo com Freud — devem ser satisfeitas por objetos reais e assim obedecem ao princípio de realidade. As pulsões sexuais, por sua vez, podem ser satisfeitas em forma de fantasias e obedecer ao princípio de prazer. O peito substituído pela mamadeira, substituído pela chupeta, substituído pelo dedo polegar ou por qualquer outro objeto que na adolescência e na vida adulta cumpra a mesma função de satisfação sexual nos permite reconhecer o aspecto não meramente biológico da cena em questão. A este respeito Freud menciona o caso das pessoas inclinadas a beijos perversos, à bebida e ao fumo excessivo (Freud, 1905, 1.200).

Segundo Freud, as pulsões sexuais provêm de múltiplas fontes somáticas, mas vão se unificando até a maturidade sexual. Em termos técnicos podemos dizer que, apesar de serem sempre anárquicas, as pulsões se ordenam falicamente (Freud, 1915a, 2.044).

Assim sendo, os destinos ou as vicissitudes da pulsão podem ser compreendidos, em alguns de seus aspectos, como modos de defesa que visam a impedir que o percurso do circuito pulsional acabe numa descarga satisfatória. Os modos das vicissitudes da pulsão listadas por Freud se realizam de quatro maneiras — a saber:

1) *transformação no contrário*;
2) *retorno à própria pessoa*;
3) *repressão*;
4) *sublimação*.

Com os mecanismos 1 e 2, Freud tem elementos com os quais pode articular conceitualmente a experiência de retorno do *sadismo* em *masoquismo* e a questão do *narcisismo*. O sentimento de amor e atração dirigido a uma pessoa pode ser afetado no seu percurso e se transformar no contrário, expressando ódio e rejeição. Esse modo de compreender o circuito pulsional poderia dar conta das situações nas quais o sujeito sente um ódio ou raiva absurda em relação a alguém que em nada o prejudicou. Da mesma maneira, o amor que não pode ser dirigido a outrem retorna sobre si manifestando o que popularmente chamamos de amor-próprio ou autoestima inflamada. Este ponto específico da teoria será decisivo nas mudanças teóricas e clínicas de Freud. O narcisismo é um verdadeiro ponto de virada da teoria freudiana.

Com o mecanismo, se pode dar conta do desfecho de uma análise, do desenvolvimento da história humana e dos produtos da cultura. O termo *sublimação* tem sua origem em um dos processos físicos que transformam a matéria de um estado para outro. Especificamente, trata-se da passagem da matéria do estado sólido ao gasoso. A sublimação na psicanálise é a denominação do processo pelo qual a pulsão encontra satisfação em objetos que aparentemente não têm relação com o sexual. A pulsão se dirige a objetos artísticos, a prática de esportes e o trabalho individual ou social. Poderíamos dizer que a carga pulsional decididamente sexual é descarregada na atividade social e cultural do ser humano. Assim, o ser humano não só se alimenta e se reproduz, procurando sua supervivência e a da sua espécie, mas também produz objetos estéticos, rituais e práticas esportivas individuais ou sociais que nada têm a ver com essa necessidade. O texto *O mal-estar na civilização* (1930) mostra como a repressão das pulsões e os mecanismos sublimatórios dão origem à cultura e desenvolvem a organização social. Esse trabalho, redigido à luz da segunda teoria das pulsões (pulsão de vida e pulsão de morte), se interroga sobre a relação de Eros, a força do amor, as pulsões sexuais, a vida, e a pulsão de morte, a força da destruição. A vida e a morte se entrelaçam, emaranham e confrontam, mas não se excluem. Freud e Darwin entendem que a morte é um episódio importante da acidentada vida da matéria orgânica. Sem morte não há vida. Entre a força do amor e a pulsão de morte se desenha o sentido da vida pela via da sublimação. Assim, a pulsão que sai do inorgânico para retornar a ele se demora na contemplação da beleza de um verso de João Cabral de Melo Neto, em uma linha e uma sombra de Candido Portinari, em uma declaração de amor adolescente em uma praça de bairro ou em um grito de gol aos 44 minutos do segundo tempo de um jogo de futebol qualquer, que se torna impreterivelmente decisivo para a vida toda nesse instante.

No momento em que Freud escrevia o texto *O mal--estar na civilização,* a vida e a destruição estão compondo um combate que marcará a nossa memória com milhões de corpos cremados em campos de extermínio. A história estará pintada de quase pura pulsão de morte. É como se o pensador Sigmund Freud tentasse, desse modo, dar conta dos ecos daquilo que ainda não ocorreu, mas está prestes a acontecer. A alienação produzida pela força dos processos repressivos institucionais e psíquicos, sem qualquer chance sublimatória, conduz a descarga pulsional a reduzir seu objeto a puro dejeto. Estou falando da Shoah.

Seguindo o nosso percurso vamos nos deter com mais cuidado no mecanismo 3.

O PROCESSO DA REPRESSÃO

Cabe aqui fazermos uma nova observação. O termo *repressão* ou *recalque* é usado por Freud indistintamente em sua obra, exceto em *A interpretação dos sonhos* (1900). No entanto, nós usaremos o termo sem considerar a distinção feita nesse texto, já que esta não é imprescindível para a compreensão do nosso problema.

A repressão é:

1) um mecanismo de defesa que se apresenta após a separação entre Consciente e Inconsciente;
2) um processo em duas fases.

Na primeira fase, o representante psíquico da pulsão ou ideia se encontra com a recusa de ser assumido pelo Consciente. O Consciente rejeita a passagem desde o Inconsciente do impulso junto com seu representante. Na segunda fase da repressão, aparecem os derivados psíquicos do representante reprimido, ou seja, os sintomas. É como se o representante pulsional só pudesse passar na forma de sintoma. Esses derivados inconscientes ou sintomas podem ter livre acesso à consciência quando estão suficientemente separados do conteúdo reprimido. É nesse momento então que o psicanalista consegue delimitá-los por meio de associações livres na fala do analisante.

A lógica da associação livre, de falar tudo o que vier à cabeça em análise, está estreitamente ligada à tentativa de destravar o mecanismo da repressão. O discurso da argumentação estruturada obedece ao regime de repressão das representações conscientes. O argumento consciente e consistente funciona como justificativa de vitimização ou culpabilização, ocultando em um discurso ordenado aquilo que se reprime.

O modo que Freud encontra para quebrar esse regime passa do hipnotismo (primeira tentativa fracassada no século XIX) à associação livre que, produzindo deslocamentos de sentido, permite a emergência daquilo que não pôde ser revelado na consciência de maneira direta. É como se o homem fosse uma espécie de animal que não podendo lidar com a sua verdade a oculta num discurso formalmente verdadeiro. Quer dizer, o sujeito utiliza a estrutura de um discurso racional para tentar apagar o rastro do processo de repressão que origina o sintoma. Por isso, não se trata em hipótese alguma de que na análise o analisante esteja na situação de falar pejorativamente *qualquer coisa*. Antes de qualquer coisa, o que está em jogo na análise é uma fala que nos permita atravessar o discurso da culpabilização ou da vitimização como quem atravessa o muro das lamentações para se encontrar com o reprimido: o desejo, isto é, a verdade. O discurso do lamento aparece na ordem da consciência cada vez que nos furtamos, como sujeitos, da cena relatada por nós. Como se fôssemos animais sem saída, relatamos a situação de nosso encurralamento.

A experiência do atravessamento daquele discurso nos confronta com aquilo que não pode ser dito explicitamente, pelo menos em um primeiro momento: o que não é outra coisa senão o que fazemos nós mesmos nessa cena como sujeitos implicados. A escuta do implícito na fala do analisante é um dos modos que conduz à sua implicação e à emergência daquela verdade reprimida. Por isso, na associação livre, aparecem falas como: "olha, o que vou dizer agora não tem nada a ver, nem sei por que estou pensando nisso, na verdade não sou eu que digo, o fulano diz que eu..." Às vezes de modo direto, mas às vezes de modo elíptico, aparece aquilo que falta no relato da cena: o próprio sujeito em questão. O reconhecimento da implicação do sujeito na cena conduz ao estabelecimento da relação ativa entre o sujeito e seu sintoma. Dito brevemente, a associação livre nos permite furar a barreira da Consciência, através do deslocamento de sentido, e alcançar aquilo que está em questão na análise. Assim sendo, a verdade do sujeito se revela no falar qualquer coisa que escapa ao discurso consistente da argumentação racional da consciência.

A formalização metapsicológica da situação de análise descrita acima pode ser resumida brevemente. A pulsão no processo de repressão tem dois aspectos, a saber: a representação e o afeto. O afeto é a expressão qualitativa da pulsão. A ideia (representação) é aquilo que se reprime. A essência do processo de repressão não é destruir a ideia que representa a pulsão, mas evitar que ela se torne consciente. Deste modo, podemos observar o funcionamento da repressão em cada um dos modos da neurose. Na histeria de angústia e na fobia de animais a repressão fracassa porque não suprime a angústia. Mas provoca mal-estar. Na histeria de conversão, a repressão elimina completamente o *quantum* de afeto e aparece o sintoma somático ou a lesão de órgão; é o que favoreceria o desencadeamento de alergias, infecções permanentes ou reiteradas, dores crônicas etc. Na neurose obsessiva, é a hostilidade em relação à pessoa amada que é reprimida, mas a repressão fracassa e o afeto retorna para o próprio sujeito na forma de autorrecriminações. Desse modo, surgem os elementos característicos da culpabilização constante ou mortificação da vida pelo sacrifício. Quando utilizada a regra de ouro da psicanálise, a saber, a associação livre, favorecemos a possibilidade de emergência de pensamentos inconscientes. O pensamento inconsciente surge no meio desse discurso da consciência revelando a verdade do sujeito, que o implica na cena. Passa-se da descrição de um relato no qual nós estamos como agentes meramente passivos, culpados ou vítimas dos acontecimentos, ao reconhecimento como elementos ativos da situação. A questão deixa de ser: *por que eu?* Passamos a nos interrogar sobre: *qual é minha parte nisso?* A mudança de posição não é meramente trivial. Na medida em que o homem é um animal sem saída ele tem de fazer alguma coisa com essa falta que lhe é estrutural.

Com os elementos até aqui encontrados estamos em condições de entrar em *O Inconsciente*.

O INCONSCIENTE, UMA HISTÓRIA NA HISTÓRIA DO PENSAMENTO

O termo *inconsciente* é usado coloquialmente, por um lado, como adjetivo, e, em sentido pejorativo, como sinônimo de louco, incapaz de assumir seus atos, ou ainda para se referir a alguém irresponsável; por outro lado, como substantivo, o termo é usado para referir aos processos mentais não conscientes. Essa significação não é por acaso, tem uma história anterior a Freud, que perpassa diferentes épocas e áreas do saber.

Na história da filosofia, encontramos o termo não consciente, *unbewusst* (aproximado de Inconsciente) fazendo referência aos processos psicológicos dos quais não temos reconhecimento consciente imediato. Isso já apareceria em Plotino (205-270) e no racionalismo moderno inaugurado por René Descartes (1596-1650.[11] Mais exemplos, podemos encontrar em Pascal (1623-62) nas expressões escritas em *Pensamentos* (1660), especificamente no artigo XVI, "Pensamentos diversos sobre a religião", no item 3: "O coração tem suas razões, que a razão não conhece: sabe-se isso em mil coisas. Eu digo que o coração ama o ser universal naturalmente e a si mesmo naturalmente, conforme a isso se aplique; e se endurece contra um ou outro, à sua escolha. Rejeitastes um e conservastes o outro: é com razão que amais?" Nos textos de *Pensamentos*, Pascal não só afirma, ele também se interroga como é que *o coração tem razões que a própria razão desconhece*? As razões do coração indicariam algo como uma sombra da própria consciência, que impulsionaria o homem a ter condutas irreconhecíveis para si. Pascal teria pensado o lado escuro e indomável do ser humano sob o qual ele estaria governado. O homem não agiria fundamentalmente em função das suas razões conscientes, mas determinado por aquelas razões

---

[11]Ver o artigo de Damasceno, M. H. (2005).

indizíveis, enigmáticas. Do mesmo modo, Malebranche (1638-77) considerava que a consciência que temos de nós nos mostra apenas a mínima parte do nosso ser. O pensador se referiria nas suas obras a um vasto espaço desconhecido daquilo que somos. A superfície daquilo que se revela não seria senão o ocultamento do que é. O próprio Leibniz (1646-1716), com a sua distinção entre ideias claras e ideias confusas, também remeteria para essa região pouco explorada, porém decisiva. Para Leibniz, no capítulo XXIX de *Novos ensaios sobre o entendimento humano* (1765), as ideias claras e distintas emergem de um oceano de representações obscuras e confusas. O reconhecimento consciente das nossas ideias seria apenas uma mínima parte do universo de ideias (Leibniz, 1999, 235 e ss.).[12] Ainda, Jean-Jacques Rousseau (1712-78) considerava que as verdadeiras razões e os primeiros motivos da maior parte das ações que realizamos não são tão claros para nós como se poderia acreditar. A maior parte das causas de nossas condutas seria irreconhecível (Rousseau, 1999). Outros exemplos, até mesmo para além do racionalismo, podem ser encontrados em David Hume (1711-76), que reconhecia no raciocínio empírico nada mais nada menos do que uma espécie de instinto, ou de poder maquínico em nós, sem a participação constante de nosso saber consciente (Hume, 1999).

Em 1751, o jurista escocês Henry Home Kames (1696-1782) teria usado o termo de um modo técnico para se

---

[12]Ver artigo de Di Matteo (1986).

referir a uma situação não consciente de um indivíduo particular. Em 1860 o escritor suíço Henri Amiel (1821-81) introduziria o termo na língua francesa, admitido mais tarde no *Dictionnaire de l'Académie* em 1878. Contudo, foi Ernst Platner (1744-1881) quem primeiro teria usado o termo *Unterbewusstsein* (Inconsciente), dizendo explicitamente que *a alma não é sempre consciente de suas ideias* e que *as ideias inconscientes são certamente possíveis*. Para Platner, ideias inconscientes habitariam a alma humana. Na filosofia alemã — especificamente em Kant, Fichte (1762-1814), Hegel (1770-1831), Schelling (1775-1854) e Schopenhauer[13] —, teríamos elementos ainda mais significativos para desenhar o percurso que nos leva até o desenvolvimento da psicologia experimental, e do Inconsciente como limite da razão consciente. Kant indica mecanismos não conscientes da razão na base da possibilidade de julgar conscientemente. Muitas dessas indicações se encontram nas *Reflexões de antropologia*.[14] Fichte seria o primeiro de uma série de filósofos alemães que teria feito da noção de inconsciente um verdadeiro princípio dinâmico, a partir do qual poderíamos compreender o funcionamento da razão consciente. A clareza dos nossos conhecimentos conscientes estaria fundada na escuridão do princípio inconsciente. Num sentido análogo, podemos encontrar expressões da autoria de Schiller (1759-1805) vinculando inconsciente com poesia, ou seja,

---

[13]Ver Cacciola, M. L. (1991).

[14]O trabalho de tradução feito por Valério Rohden dessa obra possibilita, a ele e a mim, trabalharmos nos processos não conscientes do homem na antropologia kantiana. Ver Rohden (2009).

relacionando o termo de modo mais específico com a produção da arte poética. Na literatura, particularmente em Goethe (1749-1832), o escritor mais celebrado por Freud, encontramos uma concepção de homem ligada a um recolhimento inconsciente, como retorno às suas raízes. Nos estudos científicos que certamente influenciaram a formação de Freud, encontramos o caso de Herbart (1776-1841), que teria introduzido o conceito de *limiar de consciência* e sugerido a existência no psiquismo humano de *pensamentos recalcados inconscientes*. Assim sendo, as ideias inconscientes só se tornariam conscientes se fossem congruentes com as da consciência. As ideias incongruentes, neste caso, coincidem com as ideias inibidas ou recalcadas na mente. Outro famoso cientista da época, Fechner (1801-87), entendia o espírito humano como um iceberg, de modo tal que a consciência que se vê seria apenas uma pequena parte do todo. A metáfora do iceberg reproduz algo que se repete em toda a história do pensamento ocidental — filosofia, literatura, ciência — em relação àquilo que é o inconsciente: o mais importante, o mais perigoso, o mais sinistro não se revela de modo fácil e simples.

Em 1868, Eduard von Hartmann (1843-1906) publicou um livro bastante conhecido pela intelectualidade e o universo acadêmico da época, intitulado *A filosofia do Inconsciente: ensaio de uma contemplação do mundo*. No prefácio desta obra, o autor declara que seu sistema é uma síntese das filosofias de Hegel e de Schopenhauer, com a introdução dos princípios da filosofia de Schelling e do seu conceito de Inconsciente (surgido no seu primeiro sistema filosófico). Desse modo, pretender-se-ia uma fusão entre o idealismo de Leibniz e o realismo das ciências da natureza em um monismo, o qual chegaria a ser a expressão de sua síntese. O sistema assim obtido teria bases empíricas, construídas pelo método indutivo e suportado pelas ideias da filosofia alemã do século XIX e ideias metafísicas como as de *Inconsciente*. De acordo com Von Hartmann, a filosofia do inconsciente seria, portanto, a expressão mais acabada das ideias do pensamento do século XIX. Sem julgar o mérito da proposta, podemos dizer que um livro com essas características, com toda a importância que lhe era dado ao inconsciente, não passaria inadvertido para aqueles que trabalhassem com esse conceito, como é o caso de Freud.

Poderíamos agregar a esta longa história, passível de ser escrita em vários volumes embora aqui seja retratada brevemente, os ensinamentos de Jean Martin Charcot sobre a hipnose, e os trabalhos de Joseph Breuer sobre as pacientes histéricas — os quais orientariam direta e decididamente a pesquisa de Freud sobre o *Inconsciente*. Charcot era capaz de introduzir representações não conscientes como ordens ou mandamentos nos seus pacientes hipnotizados que, uma vez acordados, obedeciam sem saber o porquê das suas condutas. Nessas experiências, evidenciava-se que nem o caráter neurológico nem o consciente entravam diretamente na produção dos fenômenos. Algo análogo acontecia com as pacientes de Breuer, que pareciam estar sob o efeito de representações não conscientes, porém também sem lesões neurológicas que provocassem esses efeitos. As histéricas agiriam como se estivessem sob o efeito de hipnose.

Como podemos observar, Freud não foi o inventor ou o descobridor do Inconsciente; muito pelo contrário, parece ser o seguidor de uma tradição secular[15] que surge quase no início do pensamento ocidental. Embora o Inconsciente não tenha sido tratado sistematicamente, sua importância nunca deixou de ser notada e indicada. Entretanto, o que Freud parece sim recriar é um tipo específico de Inconsciente, e é essa especificidade que nos interessa de modo peculiar, porque é sobre ela que se funda a psicanálise.[16]

O INCONSCIENTE, UMA PRÉ-HISTÓRIA NA HISTÓRIA DA PSICANÁLISE

Assim como na história do pensamento, na própria obra de Freud o *Inconsciente* também não foi estabelecido teoricamente da noite para o dia e nem por pura observação empírica. Quando estudante de medicina, Freud participava de pesquisas de laboratório. Em 1877, como assistente no Instituto de Psicologia de Viena, contribuiu com uma publicação sobre a descoberta dos testículos da

---

[15] De fato, Freud não foi o primeiro a tratar do Inconsciente, nem da sexualidade, e nem mesmo a utilizar a fala como elemento fundamental do trabalho terapêutico. Para um estudo sobre os diferentes modos da cura, cuidado, tratamento ou terapia na história do pensamento ocidental, ver Perez (2007). Para uma resposta lacaniana à crítica focaultiana à cura psicanalítica como confissão numa história das confissões, ver Ferreira Carta Winter (2006).

[16] Para um estudo sobre os primeiros conceitos da psicanálise em Freud, ver perspectivas diferentes sobre este tema em Carapreso (2003) e Scandelari (2008).

enguia. Após obter sua titulação universitária, em 1881, realizou pesquisas sobre o uso da cocaína, cujos resultados foram revelados em 1884, 1885 e 1887.[17] Na carta de Freud para Martha Bernays, de 21 de abril de 1884, há uma informação bastante precisa sobre o trabalho:

"Trata-se de uma nova experiência terapêutica. Ando lendo bastante sobre a cocaína, ingrediente contido nas folhas de coca, que muitas tribos mastigam para criar resistência e suportar privações e fadigas. Um alemão já experimentou a droga em vários soldados e afirma que, efetivamente, ela dá resistência e vigor. Por isso, encomendei cocaína e, por evidentes razões, tentarei aplicá-la no tratamento das doenças cardíacas; mais tarde no tratamento da fadiga nervosa, em particular do horrível estado que se manifesta quando uma pessoa é retirada da morfina (como o caso do Dr. Fleischl)" (Cesarotto, 1989, 24).

Em julho de 1884, aparece publicada uma pequena monografia de Freud intitulada *Sobre Coca*. Nesse trabalho, há um resumo das características, história da coca e algumas considerações sobre os efeitos da aplicação em animais e pessoas sadias, bem como os efeitos terapêuticos. Escreve Freud:

"Tenho efetuado experiências e estudado em mim mesmo e em outras pessoas sadias os poderes da coca, e minhas conclusões coincidem fundamentalmente com a descrição de Mantegazza. Na primeira vez, tomei 0,05 grama de *cocainummuriaticum* em solução com água a

---

[17]Sobre os estudos freudianos em torno da cocaína, ver Cesarotto (1989).

1% e me senti livre de toda fadiga. (...) Poucos minutos depois da ingestão, sente-se um repentino vigor e uma sensação de leveza..." (Cesarotto, 1989, 73).

Os usos terapêuticos mencionados por Freud indicam o tratamento de dependência do álcool e da morfina, perturbações digestivas, caquexia (perda de peso) e asma. Freud também recomenda seu uso como estimulante, afrodisíaco e anestésico. Trabalha como um verdadeiro psiquiatra, tentando intervir na causalidade dos fenômenos físicos com alguma substância quimicamente eficaz. É preciso lembrar que ele não foi nem o primeiro nem o último a trabalhar com a cocaína, cujo uso foi bastante regular em pesquisas da época. Sir Arthur Conan Doyle publicava em fevereiro de 1890 o romance *O signo dos quatro,* com um Sherlock Holmes injetando-se uma dose de 7% da substância.

Durante aquele período, mais precisamente entre 1877 e 1883, Freud também publicou alguns trabalhos sobre a atividade das células nervosas em peixes. Certamente, o trabalho de pesquisa mostra uma significativa mudança a partir da sua estada em Paris. Contudo, decididamente não foi por cálculo nem por tanto olhar para fenômenos histéricos que Freud constatou a existência do Inconsciente, como quem percebe que vai chover após ouvir os trovões. Dizer que Freud tirou os conceitos da sua clínica às vezes pode criar a ilusão de uma operação mágica na qual ele teria visto uma evidência que ninguém observara antes. As tentativas e os fracassos da pesquisa e da clínica freudiana dos primeiros anos não são poucos. Enguias, cocaína, peixes, modelos de sistemas de neurônios e hipnose revelam uma variedade bastante ampla de ensaios teóricos e clínicos. De fato, este médico tirou seus conceitos da experiência clínica, em especial a noção de Inconsciente, mas necessitou de um trabalho de elaboração e reelaboração de tais conceitos, retomando o significado herdado desde sua época de formação e da leitura de antigos e contemporâneos; além disso, foi preciso reformular uma nova significação à luz de outros conceitos e processos mentais — como repressão, transferência e pulsão — também construídos entre a bibliografia existente e o trabalho clínico. O problema da psicanálise não é explicar o que acontece irremediavelmente na espécie humana ou o que sucede na maioria dos seres humanos, nem mesmo o que estatisticamente se mostra como comportamento característico entre homens e mulheres. A questão para a psicanálise é acolher a experiência singular daquele sujeito aquém da espécie e das estatísticas, que em relação com aquilo que quer e deseja se encontra em uma vivência de mal-estar, dor e sofrimento. A metapsicologia, com seu conceito fundamental de Inconsciente, é uma tentativa de deixar para trás as elaborações de ontologias realistas e de teorias sobre realidades evidentes, nas quais se propõe sem atenuantes que a realidade é aquela que está ali, e só um louco, um sonhador ou um drogado não podem ver, para passar à construção ficcional das condições de possibilidade de uma experiência do sujeito com seu desejo e com as barreiras que o interditam. É dessa maneira que o termo *Inconsciente* teve suas primeiras aparições na obra de Freud ainda na pré-história da psicanálise.

Vamos começar com essa história dando um contra-exemplo. No texto *Histeria* (1888), o termo em questão pode ser encontrado descrito do seguinte modo: as alterações psíquicas — que precisam ser postuladas como base do quadro histérico — desenvolvem-se inteiramente na atividade encefálica inconsciente, automática. Nesta menção, o uso refere a uma atividade de caráter fisiológico ou anatômico, porém, em hipótese alguma poderíamos dizer que aqui já se encontra alguma marca do que se compreenderá como psiquismo na psicanálise. O Inconsciente, definido como um modo de adjetivação de uma maneira do funcionamento da atividade encefálica, não ultrapassa o limite imposto pela causalidade mecânica dos fenômenos da natureza estudados pela biologia. No entanto, de acordo com Freud, a histeria é também uma anomalia do sistema nervoso que descansa em uma distribuição diversa das excitações, provavelmente com formação de um excedente de estímulo dentro do órgão anímico. Sua sintomatologia mostra que este excedente de estímulo é distribuído por *representações conscientes e inconscientes*. É aqui, no termo *representações*, que encontramos o início da mudança. Tudo quanto cause uma variação na distribuição das excitações dentro do sistema nervoso é capaz de provocar ou curar perturbações histéricas. Porém, as intervenções que podem ser realizadas são em parte de natureza física e em parte diretamente psíquicas. Isto é, não podemos reduzir o problema a uma explicação fisiológica do corpo humano. Devemos entrar na ordem das representações inconscientes que podem ter um funcionamento próprio. Freud mostra uma origem orgânica da anomalia, mas também se refere a um órgão anímico e a uma representação psíquica distinta da ordem das fibras e dos tecidos. Aparentemente, nesta época está se introduzindo uma distinção fundamental. A distinção entre representações físicas e psíquicas sugere a possibilidade de uma leitura do Inconsciente que não se limite a compreendê-lo apenas como um conceito que tange a simples determinação de caráter biológico. Com Freud podemos afirmar também que o desenvolvimento de perturbações histéricas frequentemente requer uma espécie de período de incubação, ou melhor, de latência, durante o qual os elementos de origem continuam produzindo efeitos no Inconsciente e por isso é compreensível que as causas da histeria se procurem no modo de representar Inconsciente . O que significaria que a causa Inconsciente que permanece latente não se reduziria a uma causa biológica, mas psíquica, no órgão anímico. Isto faz toda a diferença. O estado latente das representações psíquicas será um ingrediente importante na construção posterior do que se chamará *aparelho psíquico*. Embora aqui, em 1888, o termo seja apenas mencionado, parece que ele não se mostra simplesmente periférico em relação à compreensão e ao tratamento dado ao problema da histeria.

Alguns anos mais tarde, no texto *Um caso de cura por hipnose* (1892-1893), Freud escreve sobre representações inconscientes de um analisante em tratamento clínico. De fato, suas práticas de hipnose com Charcot naquelas antigas salas do hospital La Salpêtrière, de Paris, mostravam o funcionamento de representações que, não sendo apenas determinadas pela causalidade da natureza física, também não pertenciam às determinações da consciência. Como já posto, o doutor Charcot submetia seus pacientes à hipnose e produzia, trocava sintomas, ou até dava ordens absurdas, que o sujeito padecia ou repetia sem qualquer consciência da origem do seu ato. Nesses casos, o doutor Charcot não operava sobre a matéria do cérebro, com instrumentos de cirurgia ou fazendo intervenções físicas no corpo, mas sobre representações mentais não conscientes que determinavam a vida consciente do paciente. Certamente, a prática clínica do jovem doutor Freud e a própria origem da psicanálise estão determinadas por essas experiências. No entanto, Freud acabou rejeitando a cura[18] por hipnose em função da precariedade da sua eficácia. É dessa maneira que ele abandona o hipnotismo e adota a associação livre. Nessa passagem, porém, não se descarta nem se aprofunda a suspeita de que algo próximo a uma noção de Inconsciente poderia dar conta do fenômeno. O termo apenas está começando a aparecer nos textos e no consultório.

Embora pequena, é bem sugestiva a menção que encontramos no texto *Sobre o ataque histérico* (1893), onde Freud explica como a lembrança que forma o conteúdo de um ataque histérico é uma lembrança inconsciente. Decididamente, aqui já temos um tipo de representação mais definida, à qual se lhe atribui um estado. A partir de então o termo é usado sem se referir exclusivamente

---

[18]Para um estudo sobre a cura em psicanálise, ver Perez (2009). Ver especialmente o excelente trabalho de Francisco Bocca (2009).

a uma função biológica, quer dizer, não é mais um adjetivo para uma função anatomofisiológica. Trata-se agora de representações mentais não conscientes que decidem a sintomatologia do paciente. A noção de Inconsciente se coloca na base da compreensão do fenômeno clínico observado por Freud no ataque histérico.

No texto *Estudos sobre histeria* (1893-95), Freud usa uma variedade de expressões, tais como: amor inconsciente, representações inconscientes, atividade psíquica dividida entre consciente e inconsciente, inteligência inconsciente, motivos inconscientes, pensamentos inconscientes e ideia inconsciente. A terminologia associada ao conceito abre um leque de significações a que mais tarde será necessário tornar com preciso rigor. Todas essas noções articulam a elaboração das histórias clínicas dos pacientes em tratamento. A histeria como estrutura clínica e o inconsciente como um tipo de representação e de atividade peculiar, que poderia dar conta do mecanismo de formação do sintoma, não serão mais dissociados na obra de Freud. Muito pelo contrário, o texto em questão inaugura a época de um uso insistente do conceito Inconsciente. Isto dividirá os caminhos das pesquisas e das práticas clínicas de Freud e Breuer. No fundo da discussão, sobre a importância das recordações infantis e as diferenças entre uma clínica baseada na catarse e a outra na associação livre, se encontra o estatuto do conceito do Inconsciente.

A partir dessa época o termo não será apenas referido aos casos de histeria. Em outros tipos de neuroses de transferência, como fobias e obsessões, o mecanismo inconsciente também começa a se mostrar presente. Isso foi documentado no texto *Obsessões e fobias* (1895) onde aparece a seguinte expressão: ideia que se produz de maneira inconsciente.

O percurso da relação entre neuroses e Inconsciente foi se completando com dois textos de 1896. O primeiro é *A herança e a etiologia das neuroses* (1896), onde aparecem novas modalidades do termo em expressões como ideação inconsciente, lembrança inconsciente, marca psíquica inconsciente e trabalho psíquico inconsciente de transformação. O segundo escrito é *Novas observações das psiconeuroses de defesa* (1896) onde encontramos os conceitos de defesa inconsciente, pensamentos inconscientes e representações inconscientes. Podemos dizer, até aqui, que já foi possível observar como Freud articula os mecanismos de produção das neuroses de transferência com o Inconsciente. A operação se realiza desacoplando o termo de uma explicação biologicista e preparando o terreno para a elaboração de um aparelho psíquico ou mental que não se reconheça como o simples resultado de uma reação eletroquímica.

No manuscrito não publicado por Freud, *Projeto de uma psicologia científica* (1895), o inconsciente se articula na forma de um aparelho que pode até mesmo ser mostrado numa representação geométrica. Em um verdadeiro modelo topológico, ou seja, em uma espacialização do dispositivo psíquico, Freud apresenta o inconsciente como sistema em um conjunto de sistemas. Esse momento significa um grande passo para a futura teoria psicanalítica, já que encontramos uma elaboração mais ou menos sistemática do trabalho clínico. Poderíamos afirmar que se trataria do início da metapsicologia *stricto sensu*. Embora não houvesse intenção de publicar este texto, escrito em uma viagem de trem — o que implica ter certos cuidados quando nas leituras sistemáticas da própria obra freudiana —, não podemos deixar de reconhecer o valor da sua contribuição para compreendermos nossa questão. De fato, partes quase literais do *Projeto* foram usadas para a composição da *A interpretação dos sonhos*.

Numa série de cartas e manuscritos, redigidos entre 1896 e 1898, também encontramos com frequência o uso da expressão Inconsciente. Na carta 46, de 30 de maio de 1896, Freud fala do reino do chamado inconsciente por oposição ao reino do consciente. Na carta 52 a Fliess, há também menções importantes e já bem conhecidas. Na carta 59, de 6 de abril de 1897, o autor refere-se à produção inconsciente. Na carta 60, de 28 de abril de 1897, escreve sobre um afeto inconsciente que se manifesta no sonho. Nos fragmentos do manuscrito de 25 de maio de 1897, encontramos as seguintes expressões: atividade no pré-consciente e no inconsciente, repressão inconsciente, sistema inconsciente e defesa inconsciente. Na carta 69, de 21 de setembro de 1897, Freud fala de lembrança inconsciente e culpa inconsciente, e na carta 84, de 10 de março de 1898, encontramos as últimas menções do século.

Aos poucos, vemos o termo passar de uma referência a um modo de adjetivar uma função encefálica, para adjetivar um tipo de representação mental independente do funcionamento fisiológico. Logo, o modo dessa representação mental começa a ser especificado e vinculado a ideias, pensamentos, sintomas, motivos, inteligência, lembranças, atividade, afeto, até finalmente se constituir na forma de um aparelho de três sistemas como já conhecemos: Consciente — Pré-consciente — Inconsciente. Em 1915, Freud deixará de lado a inteligência e o afeto inconscientes para focar nos outros modos de se referir.

Tudo se passa como se Freud estivesse ensaiando o uso do termo na elaboração teórica dos fenômenos clínicos e não apenas dando nome a uma evidência. É desse modo que podemos entender que é da clínica que ele retira a sua teoria, não porque se constate uma evidência ou nomeie um fato, senão porque se articula teoricamente a possibilidade de acolher o fenômeno clínico de um sujeito em análise. Entre 1888 e 1898, o aspecto descritivo do termo Inconsciente, que reduz sua significação ao que não é consciente, parecia se esgotar na antiga definição. Assim, a ausência de consciência não era suficiente para dar conta do fenômeno da histeria, da fobia e da neurose obsessiva. Os elementos excluídos da consciência na formação do sintoma começavam a se tornar fundamentais para a compreensão e o encaminhamento do tratamento dos pacientes do doutor Freud.

O inconsciente, ou o não consciente, tinha sido observado na história da filosofia moderna como um mecanismo da mente ou como um princípio metafísico. Durante boa parte dessa história se colocou o acento nos fenômenos racionais e conscientes, deixando o inconsciente como limite, como incognoscível ou como operações naturais dos organismos ou do entendimento.

Porém, Freud resgata a ideia de que as representações mentais já não são mais transparentes, nem mesmo para o próprio sujeito — o que implica que não há possibilidade de auto-observação —, e dá ao Inconsciente outra consistência. O estudo freudiano do Inconsciente não permanece na constatação de uma impossibilidade, mas procura achar o dispositivo de funcionamento desse sistema, considerado outrora uma região nebulosa escura e instável. Assim, na obra de Freud se chega à conclusão de que o ser humano não se reconhece na sua ação, a identidade do sujeito consigo mesmo fica comprometida diante de elementos que disputam o predomínio da vida psíquica e dos seus consequentes comportamentos automáticos e inclusive daqueles que são aparentemente produzidos pela livre escolha do Eu da consciência. O Eu da consciência, que tomaria decisões autônomas e agiria livremente em função delas, começa a aparecer como uma simples máscara de papel. O funcionamento automático da determinação inconsciente do nosso aparelho psíquico estaria na base das nossas inclinações estéticas por um tipo específico de quadros, dos nossos gostos por modos particulares de cozinhar um prato ou das nossas simpatias ou antipatias em relação a determinadas pessoas. O Inconsciente como elemento determinante do modo de agir, querer, desejar e pensar do sujeito atuaria em cada caso, um a um, sem possibilidades de generalização estatística que nos permita chegar a produzir padrões de comportamento e postular tipos de personalidade. Mas é também pelo modo de funcionamento do Inconsciente que o próprio sujeito em questão não pode chegar a algum tipo de reconhecimento de si por introspecção ou auto-observação.

Com Kant a psicologia encontrava sérias dificuldades para ser considerada uma ciência. Uma delas era o problema da auto-observação. O acesso do homem às suas representações internas estaria comprometido por estar afetado por elas, além de tal acesso ser negado para qualquer outro sujeito. Quer dizer, como posso saber objetivamente da minha dor quando já estou afetado por ela? Como poderia outra pessoa saber objetivamente da minha dor se sou apenas eu que dela padeço e a posso tentar comunicar apenas subjetivamente? Com Freud a impossibilidade em questão se radicaliza. Expliquemos de outro modo.

Em *Introdução ao narcisismo. Uma introdução* (1914) Freud ataca a introspecção, que na sua época era bandeira de filósofos e psicólogos, como um procedimento metodológico que, a princípio, pressupõe a transparência da consciência, se não para os outros, pelo menos para o indivíduo que possui suas próprias representações e sensações. Trata-se de uma ideia comum que até hoje circula entre nós. Supõe-se que eu saberia da dor que sinto porque teria um acesso direto a ela, e isso me faria depositário de um saber irrefutável. Esse procedimento já tinha sido atacado por Kant de um modo radical em 1796, não porque ele postulasse um Inconsciente freudiano, mas porque ainda na própria filosofia da consciência nem todos predicavam a sua clareza absoluta. Kant afirmava que a psicologia não podia ser ciência porque seus objetos não podiam ser matematizados, quer dizer, objetivados espaço-temporalmente e quantificados. Segundo Kant, os objetos da psicologia só seriam acessíveis pelo sentido interno do próprio sujeito afetado por aqueles; isso significa que — na introspecção — não haveria qualquer possibilidade de objetivação e, portanto, de conhecimento científico. Assim, aquele procedimento apenas seria útil para um reconhecimento subjetivo dos estados internos, ter notícia da minha dor na dor, da minha tristeza na tristeza, mas apenas isso. O que implicaria não dar nenhum passo no terreno do tratamento científico do problema. O conhecimento introspectivo produz apenas a prática da autoajuda. O atual êxito desse tipo de prática não é sem motivos. Diante do mal-estar de uma vida submetida à repetição do fracasso e da frustração, o sujeito busca saídas que lhe possibilitem uma situação melhor, uma vida feliz ou um pouco de conforto. É esse o cliente do vendedor de auto-ajuda. O frustrado se sente um inútil pela situação em que se encontra e é sobre esse sentimento que os propagadores da autoajuda se propõem a dar conselhos. Tudo se passa como se, conhecendo a si mesmo por auto-observação e aplican-do regras de duvidosa eficácia, distribuídas em revistas e programas de rádio e televisão por indivíduos ávidos para dar conselhos para situações que nem conhecem, então o sujeito alcançaria aquilo que é desejado.

A contragosto de Kant, Freud — como herdeiro da tradição cientificista do século XIX — insistiu durante toda a sua vida na tentativa de fazer aparecer a psicanálise como uma ciência da natureza. Embora seja difícil aceitar nessa condição um saber que reconhece elementos pouco ortodoxos, como a transferência e o inconsciente, Freud não perdia as esperanças. Porém, as suas teorias eram epistemologicamente estranhas ao discurso científico da época. Não foi à toa que a maior parte dos médicos repudiou em coro as apresentações das suas teorias e interpretações. Freud percebeu que o problema não poderia ser reduzido nem a objetos dos sentidos externos passíveis de serem modelados, como os objetos da física, nem a sensações que, embora conscientes, afetassem o julgamento do entendimento. O problema agora é colocado em termos de representações inconscientes que determinariam o próprio rumo das sensações conscientes, e que não podemos objetivar em um conhecimento transmissível. Esse era seu maior aporte às ciências da época e também o ponto que o distanciava delas. Desse modo, o projeto cientificista do século XIX, e, especialmente sua versão mais apurada na região das ciências da natureza, fica visivelmente distorcido. Seria preciso pensar em outro conceito de natureza, que incluísse determinações inconscientes, a relação transferencial para o tratamento dos casos clínicos e o conceito de desejo sem objeto. Com isso não só ficou trabalhoso e sem sucesso sustentar sua teoria dentro do antigo conceito de natureza do século XIX, como também foi difícil deixar em pé o predomínio da razão tal como os filósofos modernos a entendiam. A mesma sorte tiveram os significados tradicionais dos conceitos de liberdade e responsabilidade, que se articulavam com um entendimento de um sujeito autônomo. Sem um indivíduo transparente para si mesmo, não porque não haja determinações, mas porque sua relação com ele é fundamentalmente de estranhamento, pouco ou melhor nenhum espaço resta para a introspecção e a autoajuda.

Os elementos de oposição, como amar e odiar a mesma pessoa, ou ainda, saber e desconhecer as causas de uma situação (encontrados nos casos tratados clinicamente), os fenômenos de hipnose, a produção do conteúdo dos sonhos, os atos de repetições compulsivas e os sintomas histéricos mais variados trabalhados com Breuer permitiram a Freud retomar a tradição e também passar para outra época de elaboração da noção do Inconsciente. Essa nova época se abre com um texto escrito no final do século XIX, publicado no ano de 1899, mas com data de 1900. Nesse momento, o Inconsciente parece estar deixando definitivamente de ser um entretecido de impulsos vindos apenas de um fundamento biológico do homem para ser articulado em um dispositivo de representações psíquicas.

No livro *A interpretação dos sonhos* (1900), o termo aparece articulado estruturalmente nas argumentações do texto. Aqui já estamos na época da psicanálise. A partir desse momento, o termo não cessará de ser usado, já não apenas de modo fundamental para dar acolhimento a um caso, mas também de maneira estruturante, para construir o próprio caso e sua interpretação, respondendo a um mecanismo causal possível de ser percorrido na história clínica do paciente.

* * *

Para podermos entrar no estudo do *Inconsciente* na teoria propriamente psicanalítica, reconstruiremos os argumentos e elaborações a partir do texto de 1915. Após esse trabalho, ensaiaremos algumas relações com textos anteriores (publicados a partir de 1900). Isto nos possibilitará uma compreensão bastante precisa do conceito que articula clínica e metapsicologia. Adotamos esta abordagem para não cair na tentação de desacoplar a metapsicologia da experiência clínica. Ou seja, não vamos conceber a metapsicologia como um modelo explicativo autônomo (independente das circunstâncias da experiência analítica), para depois declarar o modelo freudiano como ultrapassado e como pertencente à pré-história das neurociências. Retornaremos a esta última questão no final deste trabalho. Por enquanto, vamos ao texto de 1915. Apresentaremos a sua estrutura, seus elementos fundamentais, as teses-chave e os efeitos que produzem sua contribuição no uso clínico.

PARTE II

O texto de 1915

"A análise nos permite definir de um modo geral a intenção a cujo serviço se encontram colocados os sintomas neuróticos."

S. Freud, *Lições introdutórias à psicanálise*.
Lição XIX, 1915.

O INCONSCIENTE (1915)

O artigo *O Inconsciente* parece ter sido escrito em menos de um mês. Mais precisamente entre 4 e 23 de abril de 1915, completando a série de textos de metapsicologia. Porém, também parece ser a reescrita de outro texto de 1912, *Uma observação sobre o Inconsciente em psicanálise*, e a retomada dos elementos trabalhados em *Projeto de uma psicologia para neurologistas* (1895) e em *A interpretação dos sonhos* (1900).

A estrutura do texto está organizada a partir de uma divisão inicial de sete partes que contém elementos e problemas específicos, a saber:

1) justificativa do conceito;
2) os sentidos do termo e a topografia do Inconsciente;
3) os afetos ou emoções inconscientes;
4) topografia e dinâmica da repressão;
5) características do Inconsciente;
6) comunicação entre os sistemas Consciente e Inconsciente;
7) considerações sobre o Inconsciente.

Nesta ocasião, Freud não fez um trabalho sistemático de retomada da história do conceito de Inconsciente, nem uma avaliação do uso do conceito pelos seus contemporâneos (seja em outras áreas do saber, seja no interior dos desenvolvimentos da própria psicanálise). Isto é particularmente curioso por dois motivos. Um, porque quando Freud abordava um tema, costumava realizar exaustivos estudos bibliográficos e clínicos, que reconstruía com detalhes e de modo muito didático. Para ilustrar, podemos lembrar o livro *Totem e tabu* (1912), quando, para pesquisar o problema da fobia em crianças, o autor realizou um trabalho sobre a origem da lei e da obediência à lei, que percorre os mais profundos relatórios de estudos de antropologia e história da sua época sobre o tema. O outro motivo é que, na mesma época, encontramos o termo sendo usado por filósofos, poetas e em especial por alguém muito próximo a ele: Carl Gustav Jung (1875-1961) estava escrevendo sistematicamente sobre o *Inconsciente*. Nesse sentido, poderíamos citar o artigo de 1912 *Novos caminhos da psicologia*, que serviu de base para Jung publicar, em 1916, o livro intitulado, sem ambiguidade, *O Inconsciente*. Nada disso é ao menos mencionado em alguma nota de rodapé. Também não há qualquer problematização dos diferentes modos nos quais ele mesmo se refere ao Inconsciente no desenvolvimento dos distintos momentos de sua própria obra.

O que Freud faz no texto é se limitar a apresentar uma hipótese de trabalho, explicar seu funcionamento, marcando inclusive os problemas que acarretaria o seu uso, bem como estabelecer alguns limites tanto do seu entendimento como de sua utilidade. Do ponto de vista do estilo e da estrutura, *O Inconsciente* (1915) é o oposto de um texto como *Totem e tabu* (1913), onde para trabalhar um mecanismo de funcionamento Freud se encarrega de esgotar todas as possibilidades de ilustração do fenômeno.

Na primeira parte do trabalho de 1915, Freud se interroga acerca de como podemos chegar ao conhecimento do Inconsciente. Qual seria o modo em que reconheceríamos o que podemos chamar de Inconsciente?

Na vida cotidiana, falamos e pensamos conscientemente, mas às vezes, de um momento para outro, surgem ideias que não sabemos de onde vieram ou nos surpreendemos com conclusões que não sabemos como foram alcançadas. Em uma conversa sobre algo que aconteceu nas férias, começamos a pensar em nosso trabalho e a ideia do trabalho não sai dos nossos pensamentos até o ponto de perdermos o fio da própria fala "pensando em outra coisa". A sequência dos nossos pensamentos parece ser interrompida por uma lacuna e de repente uma ideia que surge do nada começa a tomar conta de nós. Também ocorre quando tentamos nos concentrar em um trabalho que exige maior atenção, mas somos alterados pelo menor barulho e acabamos nos dispersando. Qualquer palavra ouvida nos deixa desconcentrados e involuntariamente perdemos o foco daquilo que queremos dizer, fazer ou pensar conscientemente. Essas situações não podem ser compreendidas por uma explicação convencional senão negativamente, apenas como meras distrações ou equívocos. Mas como e por que se produzem? Pode ser que entendamos essas distrações ou equívocos como produtos do cansaço. Excesso de trabalho, noites mal dormidas, falta de boa alimentação podem interferir em nossa atividade cerebral e acabar provocando desatenção. Mas como aparecem equívocos muito específicos, às vezes repetidos, ou distrações com determinadas atividades e não com outras? O que chama a atenção de Freud não são as lacunas do pensamento ou equívocos e distrações em geral, mas aqueles que fazem aparecer uma ideia específica. Por exemplo, cada vez que falo de férias me lembro de trabalho ou cada vez que saio de casa penso que pode acontecer um acidente. Para Freud, já que a ordem da consciência só nos dá uma explicação negativa do fato, um caminho possível para sua compreensão é estabelecer a hipótese do *Inconsciente*. Ideias inconscientes surgem na nossa consciência de modo imprevisto e acabam se impondo até mesmo de um modo absurdo para nossa consciência.

De acordo com Freud, o Inconsciente aparece por meio de uma tradução para o consciente ou por processos analógicos. A relação que há entre a ideia das férias e a do trabalho, que nos faz perder o fio da conversa, ou entre sair de casa e pensar que pode acontecer um acidente estaria determinada por um mecanismo inconsciente e não apenas pelo cansaço. O cansaço explicaria o equívoco ou a distração em geral, mas não a situação específica. Esta hipótese nos ajuda a avançar na compreensão da singularidade do evento, mas nos exige introduzir um conceito estranho para as ciências naturais da época.

Dessa forma, o estabelecimento do Inconsciente se mostra no mínimo problemático. Como hipótese no horizonte da epistemologia das ciências naturais da época, tem o fracasso garantido. Mas Freud guarda outro destino para este conceito. Uma crítica muito comum adotada desde a posição das ciências cognitivas é que Freud estaria explicando o obscuro do fenômeno da cognição por algo mais obscuro ainda, que é o conceito de Inconsciente. Quer dizer, tentaríamos explicar o que não conhecemos do fenômeno cognitivo por um conceito que conhecemos ainda menos. E eles teriam razão se a questão fosse essa, se a questão fosse conhecer um processo de cognição. O que está em jogo não é esclarecer o processo de cognição e os equívocos ou distrações que nos conduziriam a diminuir a nossa performance cognitiva. A psicanálise não é uma teoria do conhecimento de si mesmo nem da identificação dos processos de reconhecimento de si. Freud não explica, pelo menos a princípio, experiências cognitivas de qualquer tipo. Sua meta não é uma teoria do fenômeno da cognição nem uma teoria do conhecimento em geral. Embora possamos desenvolver esse tópico a partir da psicanálise como um dos seus derivados, o que está em jogo é uma tentativa de acolher a experiência de análise de um sujeito, que tende a se ver com seu desejo e com as barreiras que o interditam. Portanto, a pergunta de Freud não é *como o ser humano conhece?*, ou *o que posso conhecer?* Decididamente Freud não é o Kant da *Crítica da razão pura*. A pergunta da psicanálise é pelo desejo e o Inconsciente é uma hipótese que nos permite abrir esse campo de experiência.

Na segunda parte, aborda-se a topografia ou espacialização do aparelho que permitiria localizar as representações em diferentes lugares ou sistemas, tanto Consciente quanto Inconsciente. É muito significativo o movimento operado por Freud nesta parte. Por um lado, lança mão de um conceito com uma história que se desenvolveu fundamentalmente no interior da filosofia. Por outro lado, utiliza elementos de geometria para modelar o conceito. Filosofia e geometria a serviço da constituição da experiência do sujeito com seu desejo. Assim, aparecem explicitados dois elementos caros à psicanálise:

1) tornar consciente o inconsciente;
2) as resistências do sujeito em análise.

Tanto um quanto outro fazem parte da metapsicologia, sendo também peças-chave do tratamento clínico das neuroses no trabalho terapêutico.

Na terceira parte, Freud aborda a relação entre emoções ou afetos e instintos ou pulsões no seu estatuto consciente ou inconsciente. Também explica como opera o mecanismo de repressão no sistema Consciente, Préconsciente e Inconsciente.

Na quarta parte, ele se interroga sobre a origem e a retirada de investimento que possibilita a dinâmica da repressão. Com uma linguagem que apela para energias e sistemas hidráulicos, Freud constrói a física do aparelho. Isto o levará a tratar dos dois momentos da repressão, a saber: repressão primária (que marcaria a fixação da representação reprimida) e repressão propriamente dita (que incidiria sobre as consequências do processo de repressão e afetaria o pensamento consciente). Uma indicação importante do ponto de vista clínico se faz com relação à histeria de angústia, conversão histérica e neurose obsessiva. O sistema se coloca em funcionamento em relação às estruturas clínicas.

Na quinta parte, Freud indica as características daquilo que seria o Inconsciente. Põe a máquina em funcionamento e estabelece a importância da psique. Expõe as noções básicas de representantes pulsionais, impulsos de desejo, além de processos de condensação e deslocamento. A complexa relação entre o acontecimento fisiológico e a palavra obriga Freud a ser cuidadoso nas aproximações e a evitar a assimilação de um registro no outro. A caracterização do conceito precisa ser exaustiva. Porém, não se trata meramente de dar uma definição a partir dos seus traços, mas de indicar seu funcionamento e eventual utilidade clínica. Sem esta parte do trabalho não teríamos mais do que um mero sistema de intercâmbios de energia que não se diferenciaria substancialmente de uma precária e provisória explicação fisiológica.

Na sexta parte, Freud desenvolve o mecanismo de comunicação entre os sistemas Consciente — Pré-consciente — Inconsciente; apresenta elementos que nos permitem reconhecer as relações de determinação entre a realidade interna e a realidade externa; bem como mostra o problema da substituição da realidade externa pela interna de acordo com o princípio do prazer, as fantasias e os sintomas. A distinção entre realidade e fantasia pode ser elucidada se levarmos em consideração alguns elementos da história da filosofia. De fato, Freud não faz qualquer menção a esta questão no texto de 1915, mas, certamente, o problema posto aqui pela psicanálise não pode ser interpretado seriamente sem essa referência.

Na sétima parte, se discute um caso de esquizofrenia oferecido a Freud por Vitor Tausk (1879-1919), fazendo paralelos e distinções entre as neuroses narcísicas e as neuroses de transferência. Esta última parte fornece elementos de grande valor para o desenvolvimento clínico, especialmente no que se refere à relação entre psicanálise e esquizofrenia, um tema por demais complexo nas suas possibilidades de tratamento.

Há um traço fundamental deste texto que deve ser declarado de início. Freud está diante de uma questão milenar, a saber: *a estrutura biológica do homem determina seu destino? Há uma consequência fatal nas condutas humanas a partir da sua determinação natural?* A primeira resposta que aparece diante desta pergunta é que o homem fatalmente morre, e isso é inerente à sua estrutura biológica. Porém, isso significaria que todos os outros acontecimentos da vida, inclusive os que conduzem à morte, também estão determinados do mesmo modo? Mesmo que nos limitemos a observar as determinações do percurso do nascimento até a morte poderíamos perguntar: não há mais do que relações eletroquímicas no corpo de um ser humano? Na mesma época, Ivan Petrovich Pavlov (1849-1936), estudando glândulas salivares dos animais, descobriu como as condutas não eram outra coisa que a resposta a estímulos e que os comportamentos podem ser entendidos como reflexos condicionados. O cachorro das experiências de Pavlov respondia regularmente com saliva ao som a que o cientista o acostumara. Pavlov procurava a repetição das condutas animais na continuidade das pontas das fibras do corpo. Freud também se ocupava do mecanismo da repetição que causava mal-estar em seus pacientes (humanos), mas ele se indagava pelo curto-circuito, pela fenda, pela descontinuidade que há entre a necessidade biológica e o ato da repetição. Tratava de compreender o deslocamento que produz outra regularidade, a qual só vale para aquele sujeito singular. Onde Pavlov encontrava um corpo cheio e contínuo que operava segundo uma máquina, a máquina de Freud apontava para um vazio, um salto entre a carga elétrica que opera no corpo e o evento humano que é executado. Tudo se passa como se, na sua referência última, o sujeito fosse um ponto de indeterminação que deixa aberta a possibilidade da multiplicidade das determinações. Assim, o fenômeno da fome de um sujeito pode não necessariamente produzir saliva, mas provocar neste sujeito a situação, talvez angustiante, de ter que decidir entre ir ao teatro ou ao cinema. Pode ser também que alguém, diante de uma situação de ter que fazer uma declaração de amor, compulsivamente produza saliva, fume ou beba. Freud não tratará isso como uma anomalia a ser corrigida. O tratamento psicanalítico não se orientará pela correção segundo um padrão ou uma norma, seja mediante algum tipo de intervenção cirúrgica ou farmacológica, seja através de reprogramação de condutas. Na psicanálise, não está em questão dar o mesmo treinamento do cachorro a um sujeito humano que não responde do modo que supostamente deveria estar seguindo de acordo com padrões de normalidade. O que se destaca em Pavlov é a regularidade padronizada. O que interessa na psicanálise é a singularidade do acontecimento do sujeito.

* * *

Para avançar na compreensão das questões apresentadas por Freud no texto de 1915, e que sumariamente temos relatado aqui, procederemos por meio de perguntas e respostas seguindo a ordem dos problemas. Com isto objetivamos aprofundar gradativamente a questão do Inconsciente, desenhando um percurso na forma de uma espiral.

QUAL É A RELAÇÃO DO INCONSCIENTE COM A PULSÃO E A REPRESSÃO?

O aparelho psíquico constituído pelo Consciente — Pré-consciente — Inconsciente funciona fundamentalmente pelo processo de repressão. No processo de repressão, ocorrem duas situações. Em primeiro lugar, na pulsão (que é constituída pela ideia e o afeto) o *representante da pulsão* (ou ideia) é retirado da cena e o *afeto* é obrigado a estabelecer uma nova conexão com outra representação mental (ou ideia). Desse modo, o afeto continua existindo como tal ou em parte. Em um segundo momento, ele se transforma numa cota de afeto de outra qualidade, ou é reprimido no sentido de impedir seu desencadeamento. Quer dizer, no processo de *recalque* ou repressão o *afeto* se separa da *ideia* (ou representante pulsional) e ambos seguem caminhos separadamente, desencadeando um jogo de afetos dissociados de representações recalcadas e associados a novas representações e assim sucessivamente. O mais importante aqui é a insistência de Freud em afirmar que o verdadeiro objetivo da repressão ou recalque é impedir o desencadeamento do afeto, mas é preciso acrescentar que tal afeto ainda segue seu percurso, mesmo que por outras vias, ao associar-se a outro representante pulsional, o qual lhe permite aparecer ou ser reconhecido na consciência. Vou tentar ilustrar este dispositivo por meio de um esquema que nos permita visualizar a dissociação e a direção dos elementos da pulsão no processo de repressão que opera no aparelho psíquico.

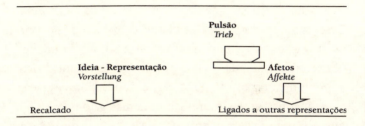

De acordo com a hipótese funcional de Freud, a repressão é um processo que ocorre na fronteira entre o Inconsciente e o Pré-consciente e opera sobre as ideias. Trata-se da retirada de carga de investimento ou de uma substituição da carga pré-consciente por outra inconsciente. O sujeito experimenta uma excitação sexual ligada a uma ideia que pode estar vinculada com a imagem de um objeto de desejo proibido. A ideia se recalca e a excitação se reconduz. Mas a ideia recalcada não fica absolutamente vazia, ainda possui carga afetiva.

Entretanto, a hipótese da retirada da libido ou transformação da carga de investimento não explica por que a ideia, que conservou a carga, não penetra no sistema Pré-consciente. Em função disso, Freud introduz a distinção entre *repressão original* e *repressão secundária,* obedecendo à outra hipótese que lhe permita sustentar a primeira. O *recalque* ou *repressão original* se constituiria no mecanismo de contrainvestimento de carga, e o *recalque secundário* ou *repressão secundária* seria a retirada da carga de investimento Pré-consciente. Assim, supõe-se a existência de um contrainvestimento de carga, por meio do qual o sistema Pré-consciente se protegeria da repressão de retorno ao consciente exercida pela ideia. Deste modo, temos o que se chama de *ponto de vista econômico,* que visa acompanhar o destino das quantidades de excitação e estimar as magnitudes dessas quantidades.

Finalmente, para responder à pergunta sobre a relação entre inconsciente e repressão podemos retomar a ideia que abrange este mecanismo em seu conjunto. Com Freud podemos dizer que toda a descrição do processo psíquico que envolve as relações dinâmicas, tópicas e econômicas — incluindo, portanto, pulsão, repressão e inconsciente — se chama descrição metapsicológica. Aqui podemos fazer, parcialmente, essa descrição. A ideia que representa uma pulsão no processo de repressão pode aparecer em *estado inconsciente* uma vez que ela é reprimida ou recalcada. Essa ideia, em estado inconsciente, pode produzir efeitos (seus derivados) que podemos chamar de sintomas. Aquilo que é reprimido da pulsão pode ser então chamado de Inconsciente, porém, o reprimido não abrange tudo o que é o *Inconsciente.*

O QUE É O INCONSCIENTE ENTÃO?

Não se pode dar uma resposta definitiva sem um percurso mais ou menos apurado, já que não se trata só de um dos conceitos fundamentais da psicanálise, mas de seu conceito inaugural. Como temos visto, esse conceito tem uma história, antes, fora e dentro da psicanálise, a qual é preciso levar em consideração a fim de não apresentar uma interpretação brutal. Ainda assim, no texto de 1915, Freud nos dá alguns elementos decisivos que podem ser destacados aqui sem risco de perder sua riqueza por causa de uma redução.

A princípio, o Inconsciente abrange:

1) atos que são meramente latentes;
2) processos reprimidos.

Para explicá-los, podemos explorar a afirmação freudiana que diz: quando se fala do Inconsciente se trata de uma *suposição necessária* e *legítima, e dispomos de numerosas provas da sua existência*. Freud diz ainda que as nossas suposições têm apenas sentido figurado, são esquemas descritivos para visualizarmos melhor os processos. Ou seja, mais do que uma hipótese a ser testada em provas de laboratório e justificada por percentuais e estatísticas, trata-se de uma noção que nos permite acolher a experiência clínica de um sujeito em análise. Mas isto não significa que possamos entender o Inconsciente como sendo apenas uma metáfora solta. Trata-se de um elemento de uma metapsicologia entendida como articulação conceitual que, desde o universal do conceito, acolhe a singularidade da experiência analítica. Por isso, a prova da existência do inconsciente não tem o mesmo estatuto que a prova da existência de uma cadeira ou de um novo planeta no sistema solar. Para ver como isto funciona no texto de Freud, vamos avançar nas duas *suposições* acima citadas, a saber: necessária e legítima.

O INCONSCIENTE: UMA SUPOSIÇÃO NECESSÁRIA

Segundo Freud, trata-se de uma *suposição necessária* porque os dados da consciência teriam muitas lacunas, as quais impediriam o estabelecimento de uma coerência sem recorrer ao Inconsciente. Dito de outro modo: existem atos psíquicos como atos falhos, lapsos, sonhos, sintomas psíquicos e manifestações obsessivas ou ideias espontâneas que aparecem subitamente, e pensamentos dos quais não podemos nos dar conta recorrendo a explicações pautadas pela determinação da vontade, ou do querer, ou do conceito de Consciente. Por um lado, esses atos não são produzidos pela vontade ou pela intenção daquele que está implicado. Por outro, eles se desenvolvem com relativa independência da determinação de processos biológicos. Por isso, supondo a existência de atos inconscientes, e intercalando os atos conscientes com os inconscientes, podemos dar um ordenamento compreensível e demonstrável àquilo que acontece com o analisante.

Um mero erro ou um equívoco no discurso, o que seria irrelevante numa situação cotidiana, é sugestivo para a análise porque não se integra em uma compreensão coerente desde o ponto de vista da consciência, e se torna realmente significativo quando introduzimos a suposição do inconsciente como mecanismo de produção. Assim, podemos afirmar a partir de Freud que a suposição da existência de um Inconsciente nos possibilita a construção de uma norma bem-sucedida, através da qual podemos exercer uma influência efetiva sobre o curso dos processos conscientes. Isto quer dizer que, quando um sujeito em análise troca o nome da esposa pelo nome da mãe, ou o nome da secretária pelo da esposa, ou quando diz o contrário do que queria dizer, não está apenas cometendo um engano ou produzindo a consequência do que necessariamente aconteceria com um corpo cansado. Algo do inconsciente aparece quebrando a suposta correção do discurso consciente. O cansaço explicaria o equívoco em geral, mas não daria conta da questão específica que aparece no lugar do nome que não foi dito. Isso revelaria algo que se mantém em estado inconsciente, e é trabalhando esses elementos que, então, podemos chegar a reconhecer os processos que levam esse sujeito a fazer determinadas trocas de nomes, ter determinadas condutas ou sintomas. Inconscientemente, troco o nome de uma pessoa por outra, também inconscientemente posso desejar que essa mesma pessoa se dirija a mim desde o lugar no qual eu a coloquei quando troquei o seu nome. Desse modo, faz sentido a agressividade sem sentido que manifesto em relação a essa pessoa quando ela simplesmente age como de costume e não como inconscientemente espero. Troco o nome da minha esposa pelo nome da minha mãe e de algum modo coloco minha esposa no lugar da minha mãe, esperando inconscientemente que atue como tal. Dessa forma, posso passar de uma designação errada a um desejo reprimido que modifica minhas próprias condutas em relação a alguém.

O INCONSCIENTE: UMA SUPOSIÇÃO LEGÍTIMA

Trata-se também de uma *suposição legítima* porque nos permite compreender o modo no qual nossa psique funciona. Freud compara seu trabalho com o do filósofo Immanuel Kant na *Crítica da razão pura* (1781). De acordo com o pensador, devemos estar atentos tanto para a estrutura quanto para as contingências subjetivas da nossa percepção do mundo externo: percebemos os objetos dos sentidos a partir de condições subjetivas de possibilidade. Construímos o objeto que percebemos desde nossa condição subjetiva ou modo de perceber o mundo. Já de acordo com Freud, devemos nos atentar ao processo Inconsciente que está na base da consciência. Freud compara e coloca em paralelo seu trabalho sobre o inconsciente com o de Kant sobre as condições subjetivas da percepção.

Em Kant as condições subjetivas da percepção supõem as condições da sensibilidade e do entendimento no aparelho cognitivo humano. Ou seja, o objeto que está na nossa frente aparece para nós como um fenômeno segundo os modos em que somos afetados sensivelmente e no qual aplicamos as categorias sobre essas formas sensíveis. As condições da sensibilidade dizem respeito às intuições puras e às formas puras de toda intuição possível, a saber: espaço e tempo. Espaço e tempo são formas e intuições puras; dentre outras coisas porque, se tirarmos tudo o que é a matéria da percepção ainda ficaria a forma espaço-temporal, e porque nenhuma intuição empírica pode ser dada fora do tempo ou do tempo e do espaço. Além disso, o múltiplo intuitivo que se apresenta na percepção é ordenado, de algum modo, segundo as formas da espontaneidade do entendimento, isto é, das categorias.

Condições da cognição humana de acordo com Kant

SENSIBILIDADE
Intuições
(formas puras) Espaço — Tempo
(matéria) percepções, sensações
Múltiplo intuitivo

+ = Objeto fenomênico

ENTENDIMENTO
Conceitos
Categorias

Freud está certo. O inconsciente freudiano parece ter a mesma legitimidade das condições de possibilidade kantianas. O paralelo Freud-Kant se sustenta, pois o que está em questão são os mecanismos de funcionamento das representações do sujeito; em outras palavras, as condições de possibilidade de boa parte das representações do discurso do sujeito, bem como as inibições, os sintomas e as angústias, estão em relação com o funcionamento inconsciente. O paralelo também se estende à peculiaridade do estatuto de sua existência. Como condições de possibilidade, os elementos da metapsicologia (e dentre eles o Inconsciente) não se articulam independentemente daquilo que possibilitam. Não possuem existência autônoma para além da sua mera condição de possibilidade. Dito de outro modo, o Inconsciente não pode ser substancializado, não pode ser confundido com uma coisa fenomênica ou um elemento empírico. Enquanto condição de possibilidade, não tem o estatuto de existência de uma cadeira, que não é condição de possibilidade senão a coisa ela mesma tal como se nos aparece no mundo fenomênico.

Assim sendo, voltamos ao mecanismo de funcionamento inconsciente. O núcleo — para utilizar uma metáfora — do Inconsciente estaria composto de representantes pulsionais prontos para escoar sua carga de investimento. Esses impulsos coexistem sem se influenciarem mutuamente, às vezes comparecem juntos em um mesmo objetivo intermediário, mas podem ser contrários e até contraditórios. Assim sendo, os impulsos podem ir na mesma direção, em direções díspares e até opostas.

No *Inconsciente* não haveria negação que elimine o conflito, nem dúvida que suspenda o percurso, nem certeza que garanta uma escolha, nem tempo que apazigue a tensão. A negação só aparece secundariamente como substituta do processo de recalque, quando o sujeito declara que não quer aquilo que deseja e diz: não é verdade que estou apaixonado por ela, apenas somos bons amigos. A dúvida faria parte das escolhas conscientes quando o sujeito considera que precisa se decidir entre duas pulsões ou entre a força pulsional e o mandato familiar ou social que restringe ou proíbe. A dúvida ou incerteza aparece secundariamente quando não sabemos se queremos aquilo que desejamos, por exemplo, quando nos perguntamos se está errado desejar aquela pessoa que não seria a que corresponderia segundo os valores sociais ou familiares. A certeza, dependendo da sua conceitualização, faria parte de condutas intencionais que não são o caso aqui. O tempo só aparece na historicidade de um sujeito consciente, quando ele retoma suas lembranças, as ordena e reordena e até mesmo se lembra de coisas que nunca aconteceram. O aparelho psíquico não é um sujeito, não nega, não duvida, não tem certezas e nem está submetido à temporalidade da história.

O que poderia ser pensado como Inconsciente são conteúdos com cargas de investimento. O Inconsciente também não leva em consideração a realidade, apenas está subordinado ao princípio de prazer e o destino de seus conteúdos só dependerá da intensidade das suas cargas. É exatamente isso o que complica o mecanismo de descarga, se produz um choque ou um curto-circuito entre aquilo que se busca descarregar e as barreiras impostas pelos imperativos sociais da tradição moral, familiar ou religiosa.

Mas é preciso destacar que não estamos diante de um mero sistema de energias. A peculiaridade desta situação nos obriga a abandonar a hipótese dualista de uma suposta interação entre o condicionamento biológico do corpo e o ambiente, baseada na dicotomia metafísica de interno-externo. Reduzir a proposta freudiana a um sistema energético nos levaria a retomar as antigas oposições que não dão conta do problema que Freud quer abordar.

A vida em excesso

Em uma interpretação evolucionista de Freud, tudo se passaria como se o sujeito fosse um sistema energético cujas descargas seriam administradas de acordo com a adaptabilidade ou não do organismo no ambiente. Essa leitura reduz a metapsicologia a um mero fisicalismo e o Inconsciente a um de seus aspectos. O sujeito que surge do aparelho psíquico freudiano não é alguém que só luta por um tempo a mais de sobrevida em meio de uma natureza cruel e escassa. Na psicanálise e, especialmente, no trabalho analítico, o ser humano não quer apenas viver, mas usufruir da vida que se apresenta nos excessos. O sujeito, colado temerariamente a um excesso que não suporta, se retira irregularmente do curso ordinário das coisas. O aparelho psíquico não é o administrador de cargas reguláveis e bem-comportadas. O Inconsciente se torna uma suposição legítima e necessária na medida em que o sujeito tem que se haver com seus excessos e o faz de um modo atrapalhado, precário e equívoco.

A palavra *Inconsciente* pode ter um sentido descritivo, sistêmico ou dinâmico. No sentido *descritivo*, apenas se refere a um esquema. No sentido *sistêmico*, o inconsciente não só abrange atos latentes, mas também os processos de repressão (recalque ou recalcamento). No sentido *dinâmico*, trata-se de abordar o conflito pulsional.

O que está em questão é menos descrever a minuciosidade de um sistema elétrico de cargas e descargas e mais compreender um ato psíquico. Freud afirma que um *ato psíquico* passa por duas etapas. Na primeira, o ato está em estado Inconsciente e pertence ao sistema Inconsciente. Se esse ato for reprimido terá de ficar em estado Inconsciente, mas, caso não o seja, passa para a segunda etapa, no sistema Consciente.

De acordo com Freud, o Inconsciente pode ser comparado a uma população ancestral. Freud diz que se for verdade que há no homem formações psíquicas herdadas, talvez semelhantes ao instinto animal, elas seriam o cerne do Inconsciente. Este aspecto não foi explorado com grande sucesso nem por Freud nem por seus discípulos.

Em geral, os atos psíquicos podem ser compreendidos, por um lado, como meros acasos ou coincidências, mas também podem ser considerados como objetos de reprogramação ou reordenamento de condutas, manifestações de reações eletroquímicas ou, por outro lado, relacionados com processos inconscientes que precisam ser descobertos (tornados conscientes) na experiência analítica. A diferença entre um e o outro lado é decidida pelo tipo de causalidade que adotamos na hora de acolher ou compreender a experiência, seja como parte da cadeia causal natural, seja como determinação da consciência ou de um conflito psíquico. No primeiro caso, estaremos fixando o evento aos processos cognitivos do homem. No segundo caso, estaremos levando em consideração a experiência consciente. Em um terceiro caso (no conflito psíquico), o que está em jogo é o desejo do sujeito. As diferentes configurações categoriais, definidas fundamentalmente pelo tipo de causalidade, determinam o domínio e o tipo de experiência desse domínio: experiência cognitiva — experiência do desejo. Estar atento para essas situações, de acordo com as suas condições de possibilidade, certamente nos permite compreender alguns efeitos na consciência desde o ponto de vista psicanalítico freudiano.

O QUE SERIA ENTÃO CONSCIÊNCIA?

Freud nunca escreveu sistematicamente um trabalho sobre a consciência. Isto porque o tratamento psicanalítico não diz respeito, pelo menos não fundamentalmente e em primeira instância, ao melhoramento de fenômenos cognitivos conscientes como o aprendizado ou a percepção, mas à experiência do desejo. Freud não trata de cognição, mas de desejo e não de qualquer desejo senão daquele que está reprimido e aparece sintomaticamente. Por isso o privilégio do Inconsciente sobre a Consciência. Entretanto, ela tem um lugar importante na teoria e na clínica freudiana.

Sem pretender uma explicação detalhada, podemos começar dizendo que haveria conteúdos psíquicos conscientes e inconscientes. Freud afirma reiteradas vezes, em distintos momentos de sua obra, que nem todo o psíquico é consciente; existiriam também representações de outra ordem, como *lembranças latentes*. O conhecimento consciente estaria, em grande parte, em um *estado de latência* ou *inconsciência psíquica,* e um *conteúdo psíquico pequeno* em momentos de consciência. Disto ecoa algo que foi repetido por uma longa série de filósofos ocidentais, especialmente desde a época de René Descartes. Mas Freud especifica sua teoria e diferencia *representação consciente* de *representação inconsciente,* dando as seguintes caracterizações: a primeira diz respeito à representação da coisa acrescida à representação da palavra correspondente; já a segunda é só a representação da coisa.

Representação da coisa acrescida à representação da palavra → representação consciente

Representação da coisa → representação Inconsciente

A Consciência também pode ter formações de afeto, os afetos que se identificam são conscientes; além disso, ela normalmente controla a afetividade e o acesso à motricidade com os quais um sujeito pode executar atos munidos de intencionalidade. A consciência teria, portanto, importância em uma parte da nossa vida no estado de vigília. Os trabalhos de Miguel Nicodelis em neurociências se desenvolvem nesse registro com resultados notáveis. Seus programas de pesquisa podem vir a melhorar a performance afetiva e motora do ser humano. Mas em psicanálise se trabalha não só com a ordem do querer, mas também com a do desejar e com o curto-circuito que se produz na vida do sujeito.

Embora Freud privilegie a abordagem sistemática do Inconsciente sobre a consciência, diferentemente de outros pensadores da psicologia e da filosofia no mesmo período, isso não significa que este seja um tema a ser desconsiderado pela psicanálise. A questão é que a psicanálise, como se pode observar claramente, compreende que as representações conscientes e a vida consciente em geral estão marcadas, em grande medida, pelo funcionamento Inconsciente. De fato, o discurso com o qual se trabalha em análise é aquele que o analisante expressa "conscientemente" (as aspas são um modo de marcar a precariedade da situação que se pretende designar) — contudo, como se trata da força pulsional e do processo da repressão, o relevante são os elementos da consciência que equivocamente deixam revelar os elementos Inconscientes. As negações insistentes que mostram uma inquietação peculiar, os esquecimentos de palavras muito comuns ou de nomes muito próximos, as ideias incidentes que aparecem do nada no meio de uma fala sobre outra coisa, o querer dizer no dito não dito, as cadeias associativas que levam de um conteúdo ao outro da consciência favorecem a experiência de tornar consciente o Inconsciente, e é esse um dos fatores fundamentais para o progresso de uma análise. As negações podem afirmar inconscientemente aquilo que pretendem rejeitar na consciência. Os esquecimentos podem ser a tentativa de afastar uma representação inconsciente por ser considerada perigosa ou uma ameaça para o consciente. As ideias incidentes encontradas em expressões como *mudando de assunto* podem mostrar uma conexão direta entre dois conteúdos que o aparelho psíquico se esforça em manter separados. Isso tudo aparece em um discurso "consciente" do mesmo modo que as rememorações das ideias em estado latente. O que interessa à psicanálise é que o discurso da consciência não é unívoco, não ordena unidirecionalmente, senão equívoco, o que não tem relação com equivocado, mas com polissêmico. Há um curto-circuito entre aquilo que penso, aquilo que acho que penso, aquilo que digo do que penso e aquilo que queria ter dito quando disse o que pensava.

Na mesma época em que Freud trabalhava para fundar a psicanálise, o linguista suíço Ferdinand de Saussure (1857-1913) ministrava seu *Curso de Linguística Geral*. Em seu seminário, entre 1907 e 1911, ensinava que o signo linguístico é uma combinação de significado e significante, como se fossem os dois lados de uma folha de papel. O significante do signo é a sua materialidade. A materialidade significante é a imagem acústica ou cadeia de sons, sua forma. O significado do signo é o conceito, seu conteúdo.

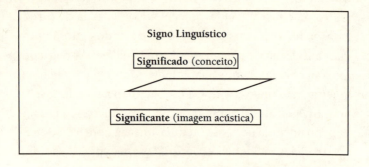

Entretanto, o signo linguístico não se define propriamente por um conteúdo específico, isto é, positivamente, senão em um sistema de signos por uma relação diferencial e negativa (Saussure, 1973, 132 e ss.). Quer dizer, um signo — por exemplo, "casa" — é aquilo que os outros signos num sistema de signos não são, por exemplo, o que não é departamento, barraca, galpão etc. De acordo com Saussure, semelhança e dessemelhança permitem a troca e a comparação. Isto é denominado *teoria do valor* do signo. Esta situação nos permite pensar num curto-circuito entre significante e significado que frustra qualquer relação direta e unívoca entre eles. É exatamente isso o que permite a equivocidade, a polissemia, a possibilidade de deslocamento de sentido e o curto-circuito entre o que penso, o que digo e o que acho que queria dizer.

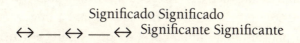

Outro modo de entender os deslocamentos é anotado quase um par de décadas antes pelo professor de matemática Gottlob Frege (1848-1925). No texto *Sobre sentido e referência* (1892), Frege apresenta uma teoria do *sinal* na qual este pode ter *sentido* e *referência* unívoco, só sentido sem referência, ou mais de um sentido. Por exemplo, o sinal "1" tem um sentido e uma referência unívoca, mas o sinal "unicórnio" pode ter sentido (quando sabemos de que se trata) porém, não tem referência, não existe qualquer coisa como um unicórnio. Outro exemplo sugestivo é sinal "Vênus" que tem uma referência com o "planeta Vênus" e os sentidos "estrela da manhã" e "estrela da tarde". O que nos faz pensar que um sinal da linguagem ordinária ou comum pode ser polissêmico.

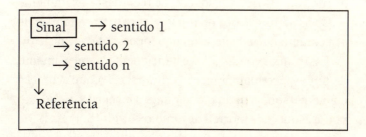

Pode haver um desacoplamento entre o sinal e sua referência com seu sentido ou multiplicidade de sentidos. Isto torna nossa linguagem natural ou comum uma linguagem ambígua, equívoca e passível de deslocamentos (Frege, 1985, 55 e ss.). Se os seres humanos usam a linguagem para pensar, então uma teoria do que significa pensar não poderia apenas prestar atenção às reações eletro-químicas no cérebro, deve também se preocupar com os resultados que desde Frege e Saussure se obtiveram sobre as ambiguidades e deslocamentos da linguagem. É sobre esse "equívoco" indicado por Frege que trabalha a psicanálise de Freud.

Quando lemos um texto esquecemos — na consciência — todas as possibilidades de significação ou de sentido menos uma, com a qual jogamos o jogo da comunicação. É aí que se funda o equívoco do "querer dizer" uma coisa e "acabar dizendo outra". Essa "escolha"— que poderá sempre ser equívoca na linguagem natural, se concedermos algum mérito ao trabalho de Frege — produz a leitura do texto, a sua interpretação. Também é por isso que Jorge Luis Borges (1899-1986) podia pensar que *é porque esqueço que leio*. O processo da leitura se configura a partir de tudo aquilo que se esquece. Se recordasse exatamente todas as significações de uma palavra, de uma frase, de um parágrafo não haveria qualquer possibilidade de leitura. Estaríamos condenados estaticamente ao relevamento de um espaço memorável sem limites. É o que acontece com o personagem do conto *Funes o memorioso*, que não podia esquecer e morreu de tanto recordar (Borges, 1994, 485-90). O esquecimento não é uma aniquilação da mul-tiplicidade de significações, mas um modo de dar sentido àquilo que nos determina. Como sujeitos, somos o efeito da determinação de sentido da cadeia de significantes do discurso que articulamos. É sobre isso que opera a interpretação em análise e que nos permite, na experiência analítica, a emergência do inconsciente. E é deste modo que uma palavra por associação livre pode nos conduzir a outra e revelar assim o que estava recalcado. Talvez por isso mesmo Freud tenha dito, alguma vez, que *às vezes um charuto é só um charuto*, mas é preciso sublinhar: só *às vezes*. Alguns sentidos parecem ficar em estado latente, como acesos como o charuto que em seu polissêmico lugar pode estar acenando de diferentes modos, inclusive como um simples charuto, e é isso o que está em jogo na experiência analítica.

O QUE SERIAM ESTADOS LATENTES?

De um ponto de vista topográfico, o Inconsciente é o latente, o que não se encontra na consciência, mas que pode se tornar consciente. Este elemento é tão importante para a metapsicologia quanto para o trabalho da clínica psicanalítica.

Freud se interroga acerca dos *estados latentes* da vida psíquica, se perguntando se são *fenômenos psíquicos inconscientes* ou *fenômenos físicos*. Mas ele é taxativo nesse ponto e afirma: *não há conceito fisiológico nem processo químico que nos possa dar a menor noção acerca da sua natureza*. Não se trata de um ceticismo militante ou de uma espécie de pessimismo quanto ao progresso da ciência e das técnicas, mas de uma separação de registros de determinação que corresponde ao próprio limite das ciências.

Nesse sentido, a psicanálise se distancia da psicologia descritiva da consciência e dos estudos de fisiologia que foram tão caros para Freud quando estudava enguias, peixes e cocaína. Não se trata de mera rivalidade com as outras disciplinas senão da estrutura conceitual que se requer para abordar o problema.

Sem extrapolações, devemos dizer que Freud não só afirma as relações entre os sistemas Consciente e Inconsciente, como também não nega as relações entre o aparelho psíquico (com seus sistemas consciente — pré-consciente — inconsciente) e a anatomia. Diz ainda que a atividade psíquica está vinculada ao cérebro. Porém, e isto é decisivo, pensar as ideias como arquivadas em células nervosas e as excitações transitando por fibras nervosas é algo que está tão afastado da psicanálise quanto os estudos de Pavlov. E isto não é interpretação, é letra de Freud. O fundador da psicanálise afirma que a tópica psíquica nada tem a ver com a anatomia, uma vez que as regiões do aparelho psíquico não são localizações no corpo. Freud ainda insiste, dizendo que seria muito infeliz querer encontrar os sistemas consciente — pré-consciente — inconsciente do aparelho psíquico em espaços localizados no cérebro, embora neurocientistas e pesquisadores de várias áreas vivam nesta infrutífera busca incessantemente. Porém, Freud separa os diferentes registros de determinação. Não é uma contradição, nem um paradoxo dizer que a atividade psíquica está vincu-lada à atividade do órgão cerebral. O problema está em não reduzir a atividade psíquica ao funcionamento de um órgão biológico. O registro de determinação da psique é diferente do cérebro, mas ambos são concomitantes. Vinte e quatro anos antes, na época do texto *Sobre a concepção das afasias* (1891), Freud já falava de uma dependência concomitante entre fisiologia e representações psíquicas. Isto implica aproximação e distanciamento, revelando sua relação e sua diferença. O jovem Freud chegou a se perguntar pela passagem, ou seja, pelo mecanismo de tradução de um registro — o do cérebro — para o outro — o das representações mentais ou da alma. Entretanto, na época do texto *O Inconsciente*, Freud decide supor a relação de tradução sem retomar a pergunta pela sua natureza. Talvez porque perguntar pela natureza do Inconsciente seja um falso problema, uma pergunta mal formulada. Algo análogo ocorre com o conceito de força gravitacional a distância de Isaac Newton. O físico precisava supor a existência de uma força que agia a distância para explicar a regularidade dos movimentos dos planetas do sistema solar. Trata-se de uma ideia ou construto teórico necessário e legítimo, mas não se pode perguntar nem pela origem nem pela natureza dessa força sob pena de se ficar inventando mitologias e sair do âmbito específico das ciências físicas. À diferença de Newton, Freud inventa algumas mitologias que lhe permitem recriar um sujeito vinculado a esse inconsciente. Todavia, apesar da utilidade da analogia entre o conceito de Newton e o de Freud, não devemos cair na tentação de estabelecer uma equivalência. No caso de Freud, a suposição do inconsciente é para acolher uma singularidade, a saber, a experiência de análise do sujeito. No caso de Newton, a força gravitacional a distância lhe permite sustentar uma situação constante, uma regularidade. Isso muda tudo, inclusive o estatuto de cientificidade dos dois tipos de saberes.

COMO SE PASSA DE UM SISTEMA INCONSCIENTE PARA OUTRO CONSCIENTE?

A passagem entre Consciente e Inconsciente é realmente problemática na tentativa de elaboração freudiana do aparelho psíquico. De acordo com Freud, nossa atividade psíquica se movimenta em duas direções, a saber:

1) parte das pulsões — vai ao Inconsciente — passa para a atividade consciente de pensamento;
2) começa no estímulo externo — vai ao Consciente — logo ao Inconsciente — até os investimentos de carga Inconsciente do Eu e dos objetos.

A função que cumpre o pré-consciente neste processo é muito importante: ele viabiliza o trânsito entre os conteúdos de ideias para que possam se comunicar e se influenciar. Além disso, insere uma ordem temporal nos conteúdos; introduz uma ou várias censuras às ideias para submetê-las ao princípio de realidade; é o lugar da memória consciente — que é diferente dos traços de memória Inconsciente. Seus conteúdos derivam da percepção e do Inconsciente.

A topografia dos atos mentais de Freud se interroga acerca da mudança de lugar e de estado nos sistemas

Consciente — Pré-consciente — Inconsciente. Assim, a passagem de uma ideia do Inconsciente para o Consciente pode ser entendida de duas formas:

1) como um novo registro; ou
2) como uma mera mudança funcional de estado.

Isso parece introduzir um paradoxo no mecanismo dos sistemas. Na primeira suposição (tópica), a ideia pode estar registrada simultaneamente no Inconsciente e no Consciente. Na segunda suposição, a situação se complica. Parece haver uma mudança de estado e dois registros da mesma representação. O próprio Freud reconhece a complexidade desta hipótese que aparece com uma solução aberta e passível de ser interpretada de diferentes formas por distintos pesquisadores ou usada de acordo com o caso pelos clínicos.

É POSSÍVEL ENTÃO CONHECER O INCONSCIENTE?

Certamente, podemos dar uma resposta afirmativa para essa pergunta. O conhecimento do Inconsciente passa pela transformação ou tradução daquilo que está em estado Inconsciente para o Consciente. Porém, devemos explicar isto um pouco mais extensamente se não quisermos fazer um reducionismo desastroso. De acordo com Freud, na lição XVIII de *Lições introdutórias à psicanálise* (e cito este texto porque é da mesma época que *O Inconsciente*), toda neurose comporta uma fixação a uma fase determinada do passado do sujeito. Isto é decisivo para a teoria e para o tratamento: a cena atual repete a fixação a um evento da nossa história. Porém, não precisamos generalizar. Nem toda fixação ao passado é necessariamente uma neurose. A tristeza, por exemplo, manifesta de algum modo uma fixação afetiva ao passado. Trata-se de um afeto que o sujeito experimenta por ocasião de seu apego ao passado ou a uma fase deste. Um objeto de amor perdido na adolescência ou uma época da juventude passada que nos recusamos momentaneamente a perder pode provocar, temporariamente, aquele sentimento. Mas a tristeza não é um mal em si mesmo como às vezes estaríamos inclinados a pensar, quando assistimos, por exemplo, a comerciais de pasta de dente, onde todo mundo sorri e pula. Algumas espécies de tristeza às vezes podem motivar uma boa poesia ou uma excelente representação teatral. Além disso, pela contemplação de uma obra de arte ou de um pôr do sol, pode emergir em nós uma sensação de tristeza cálida, a qual nos reconduz a uma cena do passado ou a uma fase deste que resistimos em deixar para trás.

Porém, certas neuroses podem ser compreendidas como uma forma "patológica" da tristeza. Já não se trata de uma tristeza suave ou produtiva, mas de uma espécie de tristeza crônica. A fixação ao passado pode ser entendida também como estando na base da repetição do neurótico. O ato obsessivo do neurótico, em sua repetição, funciona como uma espécie de resposta a uma ordem imperativa, como na obediência do sujeito na hipnose: ambos executam a ordem sem poder dizer de seus motivos. O sentimento de tristeza ou um ritual absurdo são situações que se impõem sem se saber o porquê, ignorando conscientemente a causa da ação. O sintoma que aparece se forma como uma substituição de algo que tem falhado em se manifestar exteriormente. A produção e o sentido dos sintomas são, segundo a psicanálise, inconscientes, mas nem por isso totalmente indecifráveis. Algo do enigma se revela. Desse modo, sempre que encontramos sintomas neuróticos devemos deduzir processos que estariam na base da sua produção. A este gênero de situações chamamos, em Freud, de processos psíquicos inconscientes. Por hipótese, postulamos processos psíquicos que estariam na base dos sintomas. É isso o que deve ser revelado em análise: trata-se da emergência daquilo que ficou recalcado no inconsciente. O esquecimento tem uma função decisiva na sustentação do sintoma, e é em sua direção que devemos nos orientar.

Na lição XVIII de *Lições introdutórias à psicanálise*, Freud nos relata que a descoberta de Breuer constitui, na época, a verdadeira base do tratamento psicanalítico. O princípio de que os sintomas desaparecem do sujeito quando suas prévias condições inconscientes são atraídas à consciência teriam sido confirmados por todas as investigações clínicas posteriores, apesar das singulares e inesperadas complicações com as quais nos deparamos ao querer levar adiante a aplicação da prática. O limite da eficácia da terapia psicanalítica não vai além da medida em que é possível a conscientização do Inconsciente. Embora seja decisivo que apareça um saber nesse tornar consciente o inconsciente, Freud adverte ao auditório ou ao leitor do seu livro para não confundir a terapia analítica com a teoria socrática.

A VERDADE, A CURA E A TRANSFORMAÇÃO

Para o socratismo o vício seria um efeito da ignorância. Assim sendo, uma vez revelado o saber verdadeiro, como oposto à ignorância, seria eliminado o vício como um erro. De acordo com os textos de Platão, Sócrates teria sido partidário de uma teoria que considera a alma como o lugar onde se encontram as ideias verdadeiras, belas e boas. O desconhecimento ou esquecimento destas ideias por parte do homem o levaria a fazer o mal. O mal ou o vício, como uma doença, estaria associado ao desconhecimento da verdade. Sem exageros, poderíamos dizer que, em Sócrates, a verdade cura. Para Freud, o conhecimento do sentido dos sintomas deve ser baseado na transformação do paciente mediante um trabalho de análise psíquico continuado. Em Freud, a verdade transforma. Poderíamos até dizer que a verdade do sujeito surgida na análise provoca uma mudança de posição subjetiva. Quer dizer, a verdade possibilita um modo diferente de se posicionar o sujeito diante do seu desejo. A fala, no exercício da associação livre, revela a verdade na qual se implica o sujeito em análise. A dependência química, a compulsão por comer excessivamente são fenômenos insuficientemente tratados quando reduzidos apenas a um dos tipos de determinação ou quando são considerados um mero equívoco ou ignorância do sujeito. Não é que o sujeito não saiba que sua saúde corre riscos, o que ele não sabe é o que está repetindo.

O texto freudiano de 1914, *Recordar, repetir e elaborar,* pode nos ajudar a entender aquela questão. Quando o sujeito não lembra, ele repete. O exemplo de Freud é que, quando o analisante não se lembra de ter se mostrado rebelde à autoridade dos pais, ele se conduz desta forma com relação ao analista. Repete aquilo que esquece. Poderíamos dizer que suas condutas repetitivas não são senão o modo de aparecer de algo de que foi esquecido. O analisante repete um mecanismo inconsciente que não cessa de ocultar, para o próprio sujeito, a sua posição na cena. Não basta mudar os elementos que compõem a cena para que o mecanismo inconsciente desapareça; não basta reprogramar condutas manifestas; não basta trocar de trabalho, de faculdade, de marido ou de casa para que a cena não se repita. O sujeito repete, de um modo diferente, é claro, o que antes fazia com os pais, faz agora com o analista. O que antes fazia com um conjunto de elementos, agora levará adiante com outros. O mecanismo inconsciente que regula a lógica da cena colocará, mais uma vez, cada elemento no seu lugar e, assim, o rito, a tristeza, a insatisfação, enfim, o sofrimento voltará a aparecer. Segundo Freud, essa situação pode ser um grande impedimento na clínica e obstaculizar o processo de cura. O tratamento pode parecer estancado. Encontramos aqui uma resistência. A superação desta situação passa pela elaboração das resistências.

Para Freud, o paciente na experiência analítica deve superar certas *resistências* para que possamos chegar a um desfecho, e esse é um momento fundamental do trabalho em análise. Trata-se de elaborar aquilo que apareceu — que se revelou — na análise. A elaboração das resistências pode constituir uma árdua tarefa para o analisante e uma dura prova de paciência para o analista. Portanto, conhecer aqui é menos um processo de inteligência do que uma experiência com as barreiras que interditam o sujeito. O tempo da elaboração, que está estreitamente ligado à situação transferencial, não é um mero elemento periférico na tentativa de elucidarmos o Inconsciente. Por isso, falar não é um procedimento meramente catártico na análise. A fala na análise não procura apenas diminuir a dor da culpa. Sua função é peça-chave do tratamento. Para a psicanálise, contar e recontar histórias e situações passando pela experiência do sentido e do sem sentido não é algo que poderia ser dispensado em função de uma compreensão apurada do funcionamento do sistema nervoso central.

Lacan (2008, 62-63), em sua conferência de 1954 intitulada *Do símbolo e de sua função religiosa*, afirmava que "o sintoma como tal é uma linguagem definida por sua estrutura. O sintoma de um sujeito particular é uma fala, fala amordaçada, inconsciente para o sujeito. O modo de abordagem psicanalítico consiste em elaborá-lo pela particularidade da história desse sujeito, e é nisso que é preciso se deter para conhecer tanto o sentido como os limites da ação analítica". Tudo se passa como se a própria fragilidade da matéria do sintoma estivesse acolhida na matéria da fala, de uma fala que precisa dizer dos elementos esquecidos da história do sujeito e também elaborar esses elementos tornando consciente o Inconsciente.

Freud nunca cessou de falar das resistências na e à psicanálise. Apenas para ilustrar o segundo caso, gostaria de voltar a lembrar as *Lições introdutórias à psicanálise* de 1915. Já na primeira lição, Freud adverte o auditório acerca das resistências que deverão superar para poder compreender o que será dito sobre a nova terapia. Não se trata de uma dificuldade teórica ou de formação profissional. São hábitos, costumes e valores contra os quais conduz inevitavelmente a psicanálise. Os valores burgueses da sociedade contemporânea produzem doenças que dificultam tanto a própria experiência do desejo do sujeito, quanto a compreensão da teoria analítica. Talvez seja por isso que a toda hora alguém comemora pela centésima vez a morte da psicanálise.

O conhecimento do Inconsciente se dá por meio da vida onírica, das falhas do discurso consciente, do chiste, e das neuroses de transferência. No entanto, Freud afirma que deveríamos ir além, não só estudar as neuroses de transferência como a histeria, a fobia e a obsessão, mas também as neuroses narcísicas como a esquizofrenia. O tratamento das psicoses é um problema constante na literatura psicanalítica.

ENTÃO, A QUESTÃO É TORNAR CONSCIENTE O INCONSCIENTE PARA QUE SE PRODUZA A CURA PSICANALÍTICA?

Freud afirma que o tratamento psicanalítico se funda na influência do Consciente sobre o Inconsciente, e que os derivados Inconscientes no Consciente abrem o caminho para o nosso trabalho. No entanto, no exercício da clínica deve-se observar que, quando uma ideia se torna consciente não necessariamente o recalque será levantado. Pelo contrário, às vezes se procura uma nova repressão da ideia já reprimida. Mas, pelo menos, o paciente já tem a memória consciente das marcas ou o rastro auditivo da ideia. Segundo Freud, é preciso a superação das resistências que impedem a ideia consciente de entrar em contato com os rastros da memória inconsciente. O problema está em não haver uma relação de identidade entre o rastro auditivo e os traços de memória inconsciente: uma coisa é ter ouvido e outra é ter vivenciado um evento e o registrado no discurso. Embora ouvir não seja pouca coisa, ainda há uma diferença entre o registro acústico e a vivência acompanhada de afetos, sentimentos etc... Por isso Freud abandonou a hipnose e passou para o método da associação livre. Em estado hipnótico, o sujeito tinha a possibilidade de comunicar para o médico — de um modo não consciente — as lembranças esquecidas. Uma vez recuperado do estado de hipnose, e já em estado consciente, o sujeito escutava da voz do médico aquilo que ele tinha esquecido e que estaria na base da origem do sintoma. Segundo os relatos clínicos de Freud, esta comunicação fazia desaparecer os sintomas, mas eles rapidamente retornavam ou então novos apareciam. Freud nos informa no texto *O Inconsciente* que, quando comunicamos a um paciente uma representação que em seu tempo ele recalcou e que identificamos, isto a princípio em nada altera seu estado psíquico. De forma alguma se suspende o recalque, nem se anulam seus efeitos, como se poderia talvez esperar, já que a representação anteriormente inconsciente tornou-se agora consciente. Não se produz qualquer suspensão do recalque antes que a representação consciente tenha sido ligada ao traço de lembrança inconsciente, após a superação das resistências. Só ao fazer consciente este próprio traço é que se alcança o sucesso.

Recordar, repetir, elaborar

Recordar não significa simplesmente descrever um acontecimento passado nos mínimos detalhes como quem faz uma contabilidade. Recordar em psicanálise significa parar de repetir automaticamente na posição de um sujeito alienado. Por isso, não se trata de um esquecimento por falta de atenção, como queriam alguns médicos da época de Freud e como insistem alguns terapeutas da nossa época. Esquecer aqui não é simplesmente ter sido um tolo que prestou pouca atenção e que deveria exercitar mais sua mente preguiçosa com exercícios de memorização. Esquecer é recalcar e repetir. Repetir o quê? Repetir, por exemplo, uma posição de rebeldia diante da autoridade dos pais, de vergonha diante da descoberta dos desejos sexuais, de desejo obsessivo de ver o corpo de uma mulher sem roupas perante o medo obsessivo da ameaça do pai, de adiamento de satisfação do desejo, entre outras cenas. Repetir como resposta a um conflito psíquico que domina a cena. O esquecimento e a lembrança estão estreitamente ligados à posição do sujeito diante do seu desejo e é isso que se revela na experiência analítica. Por isso, o esquecimento não se resolve com tabuada e palavras cruzadas. Do ponto de vista psicanalítico, é preciso elaborar.

Essa elaboração freudiana está relacionada com o que Lacan chamou de saber-fazer (*savoir-faire*). No seu Seminário 23, Lacan diz para seu auditório que "só se é responsável na medida de seu *savoir-faire*. O que é *savoir-faire*? É a arte, o artifício, o que dá à arte da qual se é capaz um valor notável" (2007, 59). "Ele é um fazer que nos escapa, isto é, que transborda em muito o gozo que podemos ter dele" (2007, 62). O exemplo que Lacan oferece para esse conceito psicanalítico é sobre a escrita de Joyce, mais precisamente sobre os artifícios do labor artesanal do escritor. "Joyce escreve o inglês com refinamentos particulares que fazem com que a língua (no caso, a inglesa) seja por ele desarticulada. Não devemos achar que isso começou em *Finnegans Wake*. Muito antes, especialmente em *Ulisses*, ele tem uma forma de picar as frases que já vai nesse sentido. É verdadeiramente um processo no sentido de dar à língua em que ele escreve outro uso bem distante do comum. Isso faz parte de seu *savoir-faire*" (Lacan, 2007, 72). O que poderia ser considerado errado, neste caso, pela gramática normativa, o que um educador de uma escola tradicional estaria inclinado a corrigir por estar fora de padrão é justamente o que faz em Joyce seu saber-fazer. Um professor preocupado em ajudar Joyce a se incluir no mercado laboral com um "bom" inglês teria insistido em consertar os erros. Não é essa a posição do analista. Não é esse o caminho da elaboração no tratamento psicanalítico. Jacques Aubert, no mesmo Seminário 23 de Lacan, diz que o *savoir-faire* de Joyce está ligado à prática significante. Quer dizer, esse *savoir-faire* é um modo de tratar o Real pelo Simbólico (Lacan, 2007, 183). A rearticulação da linguagem, enquanto Simbólico, permite ao sujeito um reposicionamento com relação ao Real do gozo que insiste na repetição.

HÁ SENTIMENTOS INCONSCIENTES?

Segundo a letra de Freud no texto de 1915, a rigor podemos dizer que não, não há sentimentos inconscientes. As ideias são *traços de lembranças*, já os afetos e sentimentos são *processos de descarga* cujas manifestações finais são sensações. Como mencionei anteriormente, a pulsão pode se manifestar como uma ideia e/ou um estado afetivo. Se fosse apenas um estado afetivo não saberíamos nada dela — ao menos do ponto de vista da psicanálise. Mas como há um representante intelectual que representa a pulsão na psique, então pode haver registro no sistema inconsciente e, eventualmente, um posterior reconhecimento consciente do mecanismo psíquico que operou na pulsão.

Porém, curiosamente, em outras ocasiões Freud falará de afetos reprimidos.

COMO PODEMOS FAZER UMA DESCRIÇÃO METAPSICOLÓGICA DO PROCESSO DE RECALQUE NAS TRÊS NEUROSES DE TRANSFERÊNCIA?

Essa pergunta nos permite fazer funcionar o aparelho psíquico em relação com os modos que a neurose se apresenta em um sujeito em análise. Comecemos pela *histeria de angústia* — que podemos definir brevemente como a manifestação de um medo que o sujeito não saberia a que atribuir.

O mecanismo do medo

O processo começaria com uma manifestação de amor originada no Inconsciente e que tenta passar para o Consciente. No Pré-consciente também haveria uma carga destinada a esta iniciativa amorosa, mas que se retrai. A carga de investimento libidinal inconsciente, contida na ideia que foi rejeitada, não se vincula a nenhuma outra ideia e acaba por ser descarregada na forma de medo. O mecanismo do aparelho psíquico sobre a pulsão provoca o deslocamento da descarga. A criança troca o objeto original do medo por outro medo substitutivo. Repete a cena de outro modo. A psique aprende a lidar com esse novo objeto do medo. Surge, assim, uma ideia ou representação substitutiva que permitirá racionalizar o motivo do desencadeamento da sensação de medo que se vivencia. Aparece uma espécie de inversão, a ideia se torna um ponto de partida para a liberação desimpedida do afeto de medo, e se mostra intensificada como se fosse o desencadeamento do medo. Cada vez que a criança escuta "bicho-papão", acontece o mesmo que se sucede com um exportador que escuta "declaração de Imposto de Renda". O objeto fóbico na excitação da ideia substitutiva se torna preponderante. Freud considera que, no caso da criança, e não necessariamente no do exportador, o comportamento aparece como se não possuísse inclinação alguma pelo seu pai, objeto original com o qual estava ligado o afeto, como se tivesse se libertado totalmente dele e como se tivesse mesmo medo de um animal ou de qualquer objeto com o qual agora estabelece o vínculo de substituição. A substituição do pai pelo animal ou qualquer outro objeto veicula o deslocamento do afeto, apaga-se a lembrança da cena primária, que fica reprimida — recalcada ou esquecida — e se recria uma situação justificativa. O novo objeto do medo se reforça na sua posição quando se monta uma narrativa. O sujeito diz ter medo de elevador porque assistiu a um filme onde o personagem, muito parecido com ele, é assassinado; ou conta uma história sobre seu medo de baratas porque são nojentas; ou sobre a possibilidade de ter alguém embaixo da cama que pode aparecer quando a luz do quarto for desligada etc. Para

Freud, o Eu se comporta nestes casos como se o medo do perigo não se originasse numa força pulsional, mas na percepção de algo externo, na aparição ou na possibilidade de aparição do objeto substituto. O modo como ocorre a articulação freudiana nos mostra o caráter ficcional da origem do medo nessa estrutura e sua capacidade de se recriar constantemente. O sistema Consciente se protegerá contra a ativação da ideia substitutiva realizando um contrainvestimento de carga, assim como anteriormente se havia protegido contra o afloramento da ideia recalcada através do investimento de carga que tomou a ideia substitutiva. Uma terapia que trabalhe sobre o medo consciente com relação a esses objetos substitutos como baratas, elevadores ou a escuridão do quarto favorecerá o mecanismo de substituição do medo, mas não resolverá o problema. A formação de substitutos continuará a ocorrer por deslocamento de cargas.

Tudo se passa como se, em um primeiro momento, fosse constituída uma ideia substitutiva para evitar o recalcado, e depois se formasse uma zona fóbica em torno da ideia substitutiva, a qual passa a ser utilizada de enclave para que o Inconsciente exerça a sua influência. Embora o recalcamento seja um procedimento de defesa do sujeito, a rigor a sensação do medo não é evitada, apenas é desacoplada de uma ideia significante e deslocada para outra ideia.

O momento seguinte do processo será o de inibir a liberação do medo que foi expurgado a partir da ideia substitutiva. Uma excitação em um ponto qualquer da zona da ideia substitutiva dará início a um pequeno desencadeamento de medo que passará a ser usado como sinal para iniciar de imediato a inibição de uma potencial continuação do desencadeamento progressivo de medo. Ocorre então uma série de fugas de carga de investimento Pré-consciente. Entretanto, esse mecanismo apenas serve para proteger contra excitações originadas a partir de percepções de objetos externos. Como o problema não é esse, uma vez que a origem está na pulsão, a angústia reaparece. Podemos dizer que o recalque aqui tem uma eficácia relativa, cujo preço é o grande sacrifício da liberdade pessoal. O sujeito se vê em uma situação de mal-estar devido às limitações que ele tem em relação à disponibilidade de suas próprias condutas e de seu próprio corpo. A partir de Freud, podemos dizer que esse processo de fuga da carga de investimento consciente, evitando a ideia substitutiva, resultará ao final nas conhecidas evitações, renúncias e proibições a partir das quais caracterizamos uma histeria de angústia.

Podemos dizer que se produz um primeiro deslocamento da cena primária para uma ideia substitutiva e depois para um conjunto de inibições. Por isso, numa perspectiva psicanalítica, é insuficiente um trabalho terapêutico que procure confrontar o sujeito com sua situação de medo, tentando uma reprogramação de suas condutas ou mostrando quão ridículo ele é por estar se comportando desse jeito. Em alguns casos, isso talvez possa contribuir para a eliminação dessa situação particular, mas aparecerá outra no lugar se não for trabalhado em análise o mecanismo inconsciente que está na base da posição do sujeito nessa situação de repetição.

A descrição metapsicológica não nos mostra apenas um modelo hidráulico de funcionamento. Também nos indica o alcance e os limites do trabalho analítico para abordarmos os medos.

O mecanismo dos ferimentos reiterados

Na *histeria de conversão* nos encontramos com um sintoma histérico que aparece no corpo, uma somatização do conflito psíquico. Poderíamos dizer que todo sofrimento histérico se experimenta conscientemente como sofrimento corporal, mas a conversão é a que marca o corpo físico de um modo bem particular. Do ponto de vista metapsicológico, Freud especifica esta modalidade e diz que a carga pulsional contida na ideia recalcada é convertida na inervação do sintoma (formação de sintomas), é o contrainvestimento que escolhe sobre que parte do representante pulsional pode ser concentrada toda a carga de investimento desse mesmo representante. Essa parte do representante escolhida para funcionar como sintoma preenche então a dupla condição de dar expressão tanto à meta desejada pelo impulso quanto ao esforço de defesa ou punição. Em outras palavras, o fracasso do recalcamento provoca a conversão no corpo e desencadeia o sofrimento histérico consciente.

Para aprofundar a compreensão do mecanismo de funcionamento tentemos articular os conceitos de outro modo. A conformação do corpo pulsional da criança, a constituição das suas zonas erógenas, o destaque dos seus orifícios e suas saliências já é uma verdadeira experiência traumática, ou seja, um acontecimento psíquico portador de uma carga afetiva que desencadeia fantasias. A fantasia é uma resposta psíquica para aquela carga de energia e será, de algum modo, o âmbito no qual pode ser veiculada a carga pulsional. Assim, a sexualidade infantil e os inconvenientes de lidar com ela são o cerne do sofrimento do sujeito que desencadeará mecanismos de defesa.

Formalmente, poderíamos dizer que:

> Para todo *corpo erógeno* existe pelo menos uma *fantasia*; a *fantasia* é {[*vazão* e *contenção*] da *carga pulsional* que pertence ao *corpo erogeneizado*}.

O que está em questão na histeria é uma fantasia angustiante que opera inconscientemente, provocando sofrimento. A conversão em um sintoma somático, localizado no corpo, é uma especificidade do mecanismo que apresentamos. Alguns casos clínicos mostram sujeitos com dores crônicas localizadas em alguma parte específica do corpo que nenhuma intervenção farmacológica logra eliminar. Dores sem desencadeante físico, por exemplo, no peito ou nos membros, enxaquecas que aparecem numa hora determinada do dia ou quando estamos perto de determinadas pessoas; alergias sem causa conhecida, partes do corpo infeccionadas que não cessam de aparecer ou diretamente não curam. Outros casos apresentam sujeitos com um corpo totalmente erotizado que aparentemente se excita por qualquer coisa — acompanhado de um relato sexualizado do mundo — convivendo com uma espécie de anestesia da zona genital. A paciente se sente excitada, mas nenhuma penetração a satisfaz, como se tudo menos isso fosse um órgão erótico. Alguns sexólogos dão o nome de anorgasmia.

Na carta 18 de 21 de maio de 1894, Freud fala da histeria de conversão como um mecanismo de mudança de afeto, diferentemente do deslocamento de afeto que corresponderia às representações obsessivas, e da permutação de afeto que seria o mecanismo da neurose de angústia e da melancolia. No *Manuscrito E*, intitulado *Como se gera a angústia?*, provavelmente de junho de 1894, Freud diz que há uma espécie de conversão na neurose de angústia, mas na histeria — de conversão propriamente dita — a excitação psíquica entra exclusivamente pelo caminho somático, provocando uma tensão física. Podemos pensar nos casos de tensão muscular ou paralisia de um membro sem causa física. Nos *Estudos de histeria* (1895), o fenômeno da conversão é definido sem ambiguidade como a conversão de estados anímicos em sensações corporais. Esta noção nos permitiria incluir casos de cansaço crônico generalizado. Estes elementos, fundacionais, que intuitivamente Freud nos apresenta na primeira metade da década de 1890, ilustram didaticamente o que se encontra no texto *O Inconsciente*.

Sem pretender esgotar o assunto, que certamente nos conduziria a um estudo específico, gostaria de referir três textos que nos dão mais elementos para contornar a questão da conversão.

Em 1910, na primeira das *Cinco conferências sobre psicanálise*, Freud destaca que a conversão histérica é uma espécie de exagero da parte do percurso anímico investido de afeto. O que implica que o sintoma corporal pode ser compreendido como uma inervação ou inibição. Em *Repressão* (1915), Freud chama a atenção para a capacidade do fenômeno de fazer desaparecer o montante de afeto (original) no sintoma convertido. Quer dizer, a excitação ou inibição se concentra no soma, isto é, no corpo, esquecendo completamente a origem. O lugar hipernervado se revela por condensação, como uma porção do representante pulsional reprimido. De acordo com Freud, o paciente exibe o que Charcot chamou "*la belle indifférence des hystériques*". Desde o ponto de vista do mecanismo de repressão, cujo fim é reconduzir o montante de afeto, a conversão é um êxito, porque fecha na formação do sintoma e não precisa recomeçar num segundo tempo como é o caso da histeria de angústia. Porém, outras vezes a conversão não é tão bem-sucedida, reaparecendo a angústia ou até desencadeando alguma fobia. Na *Autobiografia*, de 1924-25, Freud diz que, na histeria de conversão, a moção reprimida irrompe em algum lugar e se arranjam sintomas como resultados de compromisso ou satisfações substitutivas, mas desviadas e desfiguradas da sua meta pela resistência do eu.

A histeria de conversão pode se manifestar de diversos modos: por meio de um sintoma corporal como uma *dor* persistente, crônica ou repetitiva; uma *inibição* sobre um determinado local como uma *paralisia*, uma descarga ou ação involuntária, uma *contração* muscular que impede ao sujeito a disponibilização motora daquele local; ou até mesmo através de uma *alucinação* ou uma crise convulsiva. Sem ficar apenas na tentativa de eliminação do sintoma, a psicanálise, pesquisando o decurso excitatório perturbado, pode nos conduzir à origem do problema. Freud diz que na maior parte das vezes se conclui que a dor esteve presente na situação da repressão. Assim, podemos distinguir várias modalidades de conversão. A alucinação foi uma percepção do momento. A paralisia foi uma defesa perante uma ação que teria de se executar, mas foi inibida. A contratura pode ter sido um deslocamento para outro lugar de uma inervação muscular tentada. A convulsão foi uma explosão afetiva que se subtraiu do controle normal do eu.

Passemos para a terceira modalidade da neurose de transferência. Na *neurose obsessiva*, o contrainvestimento é colocado em primeiro plano e se articula como formação reativa. Freud denomina esta situação de conflito de ambivalência. A partir do escrito *Repressão* (1915), podemos pensar que uma formação reativa seria um impulso hostil contra uma pessoa amada que cai sob a repressão. Como formação substitutiva encontramos a forma de uns escrúpulos de consciência extremos que podemos chamar de sintoma. Em *Luto e melancolia* (1915), Freud afirma que a neurose obsessiva tem um paralelo com a melancolia, visto que em ambas as situações há uma espécie de autopunição. Por ocasião da perda do objeto de amor, no luto, o obsessivo não deixa passar a oportunidade para se culpar pelo acontecido. Mas a situação não acaba aqui. Esse automartírio da melancolia é, segundo Freud, inequivocamente gozoso. Paradoxalmente, nestes casos há um gozo no sofrimento pela autopunição. Tendências sádicas e tendências ao ódio que recairiam sobre um objeto se voltam para a própria pessoa.

O mecanismo das tendências sádicas, que em psicanálise não podem ser pensadas sem o masoquismo, e que claramente Freud apresenta em sua descrição metapsicológica, foi pensado por Lacan (1998, 45) a partir do seminário da carta roubada sob a fórmula:

O emissor recebe do receptor sua própria mensagem sob a forma invertida.

A sentença pode ser utilizada como uma fórmula que acolhe a experiência de ida e volta da pulsão. Para a psicanálise, embora a pulsão não tenha objeto, o que implica que a princípio qualquer objeto pode servir de destino, também não desenha um devir ilimitado. A pulsão tem um percurso. Em termos lacanianos, o movimento da pulsão responde às modalidades do espaço curvo. Sai do corpo, contorna o objeto e retorna para o próprio corpo. Uma ilustração muito didática — e por vezes escandalosa — é usada comumente em alguns cursos de psicanálise para recriar a situação em três tempos: cago — te cago — me cago (me faço cagar). Na crueldade de uma ação que impiedosamente coloca o outro na posição de impotência, de resto, de sem saída, o circuito se completa quando o sujeito se faz colocar no mesmo lugar. Cada uma das cenas do desenho animado do Papa-léguas também faz pensar naquele *dictum lacaniano*. O coiote faz qualquer coisa para enganar o Papa-léguas, mas é ele quem cai na armadilha o tempo todo: o que recebe é o retorno do que ele mesmo executou com a parafernália dos produtos da marca ACME. Como diz Freud, monta-se a cena para que aquilo que foi lançado retorne para a própria pessoa. Freud, certamente, estava dando uma dica para os desenhistas da Warner Bros.

Mas a mesma lógica pode ser pensada no movimento narcísico do amor: amo — te amo — me amo (faço me amar). O circuito não é uma deriva sem consequências de retorno. Nem para Freud, nem para Lacan se trataria de um devir indefinido. Essa é a base da compreensão da noção de repetição, problema de entrada à psicanálise. Repetição que observamos não só nas histórias clínicas, mas também nos relatórios de estudos antropológicos, desde o final do século XVIII até hoje. Esses estudos apresentaram para Freud outros modos de formações reativas baseadas em ambivalência afetiva como os ritos religiosos, a observância de leis totêmicas ou os tabus. Em *Totem e tabu* (1912), Freud adverte que o uso do tabu e os sintomas da neurose não são a mesma coisa, porém, podem fornecer elementos que permitam fazer um paralelo e enumerar as concordâncias. Tanto na neurose obsessiva quanto no tabu encontramos:

1) o caráter imotivado dos mandamentos;
2) a coerção interna na obediência dos mandamentos;
3) o deslocamento e o perigo de contágio pelo proibido;
4) ações rituais que surgem do mandamento das proibições.

A história de um analisante que relataria o fenômeno em questão pode ser descrita da seguinte maneira: o sujeito exteriorizou na sua infância o prazer de contato; uma proibição de fora impede o contato; a proibição foi aceita, porém, não consegue cancelar a pulsão. Proibição e pulsão são conservadas em um conflito contínuo. Isso desencadeia os modos do obsessivo que podem ser postos em paralelo com a obediência da lei e a possibilidade de transgredi-la. O obsessivo é ordenado segundo um mandamento imotivado, por exemplo, não deixar clipes de papel soltos ou caídos no chão ou não pisar nas fendas da calçada. O sujeito se sente obrigado a parar com qualquer coisa que estiver fazendo ou a caminhar de um jeito esquisito ou recolher o clipe para obedecer ao mandamento. A determinação da sua ação não está em uma deliberação consciente nem em uma necessidade biológica, mas em uma determinação inconsciente de um afeto que foi deslocado.

O QUE ACONTECE COM O RECALQUE NAS NEUROSES NARCÍSICAS, OU COM A ESQUIZOFRENIA, DO PONTO DE VISTA METAPSICOLÓGICO?

É preciso lembrar aqui a diferença estabelecida por Freud entre neuroses de transferência e neuroses narcísicas. Como sabemos, a *neurose* se produz pela impossibilidade de aceder ao objeto, ela envolve uma efetiva renúncia ao objeto real. Freud diz, em *O Inconsciente*, que nos casos de neurose a libido que foi retirada de um objeto real retrocede em direção a um objeto que existe na fantasia e deste se dirige a um objeto recalcado (introversão). É essa situação particular que provoca sofrimento e que permite levar adiante um trabalho clínico. A capacidade desse tipo de analisante de realizar transferência pressupõe o existir de um investimento de carga inalterado e preservado no objeto. As neuroses de transferência (histeria, fobia e neurose obsessiva) são tratadas desde o final do século XIX pela psicanálise, e a obra de Freud nos mostra casos emblemáticos dessas modalidades.

Entretanto, segundo Freud, na *esquizofrenia* a situação é diferente. O mecanismo de negação é distinto. Após se produzir o fenômeno de recalque, a libido se recolhe no Eu, desiste-se de investir carga no objeto e se restabelece um estado de narcisismo primitivo, sem objeto. Suas características são incapacidade de transferência, rejeição ao mundo externo, sobreinvestimento no próprio Eu, apatia total. Embora isto não provoque a impossibilidade absoluta de tratamento psicanalítico, certamente uma mudança bastante notória deve acontecer na sua abordagem. Este tema ainda hoje é pauta e questão de debate nas instituições de formação psicanalítica, em alguns casos, analistas afirmam a impossibilidade de tratamento. Além da distinção acima indicada, também podemos notar outra diferença no nível da fala do sujeito que nos permite reconhecer os casos em questão. A fala dos esquizofrênicos tem algumas particularidades, por exemplo, o sujeito é muitas vezes objeto de grandes cuidados e seu discurso se torna rebuscado e floreado, suas frases têm uma desorganização específica, no conteúdo das sentenças se encontram relações com os órgãos e as inervações do corpo. Freud nos adverte que no caso da esquizofrenia as palavras são submetidas ao mesmo processo que também transforma os pensamentos oníricos latentes em imagens oníricas.

Tentarei expor brevemente o mecanismo de funcionamento do processo primário e secundário que permite fazer a diferença que estamos contornando. No processo primário, a energia psíquica escoa-se sem barreiras, mas segundo os mecanismos de condensação e deslocamento procura reinvestir as representações ligadas às vivências de satisfação constitutivas do desejo. Condensação e deslocamento são as marcas do processo primário de mobilidade de cargas de investimento. Pelo processo de deslocamento, uma ideia pode passar toda a sua carga para outra ideia; pelo processo de condensação, uma ideia pode se apropriar das cargas de várias outras ideias. No processo secundário, a energia tende a estar mais ligada antes de escoar, deste modo, o investimento pulsional tem maior estabilidade e a satisfação é adiada. São propiciadas experiências mentais que procuram caminhos de satisfação. O sujeito se encontra numa luta, em uma defesa contra a moção pulsional que provoca a inervação corporal como excitação ou inibição e isso se manifesta no modo de falar e de dar sentido à fala.

No caso das *neuroses de transferência*, o deslocamento de sentido das palavras permite que se passe de uma ideia para outra, mas como no Pré-consciente predomina o processo secundário encontramos cargas ligadas a ideias e, portanto, uma estabilidade maior. Se o processo primário operar sobre os elementos do Pré-consciente, será provocado um efeito de estranhamento que pode derivar em surpresa ou produzir um efeito cômico e o fenômeno parecerá engraçado e provocará o riso no sujeito. Quando fui estudante na Unicamp, entrei numa conferência de linguística que estava sendo ministrada por um excelente professor do Instituto de Estudos da Linguagem, chamado Sírio Possenti, e desde o corredor do auditório escutei que ele dizia: "Dois canibais adolescentes estão no maior papo. De repente, passa uma gatinha da tribo, só com a metade do braço esquerdo. Um vira para o outro e diz: Essa aí eu tô comendo" (Possenti, 1998, 85). Possenti adverte que a graça da piada está em que ambos os temas do relato são tabus (canibalismo e sexo), mas o efeito engraçado se produz na ambiguidade que vai do sexo para o canibalismo. O estranhamento e seu efeito cômico se produzem pelo deslocamento de sentido que quebra a ligação estável para passar a outra ligação. Outro documento do professor Possenti nos mostra como os processos primário e secundário nos permitem compreender para além do que poderíamos julgar como mero erro de interpretação. "Na viagem, a mãe ajuda a filha, que está enjoada. O cavalheiro ao lado pergunta: 'Foi comida?' A mãe responde: 'Foi, mas vai casar.'" (Possenti, 1998, 85). Tal como se relata em *O Inconsciente*, é nos aspectos em que a palavra e a coisa (Ding) não se equivalem que se provoca o deslocamento e a formação substitutiva da esquizofrenia se diferencia das neuroses de transferência. Assim, o deslocamento se apresenta como uma espécie de chave da metapsicologia e da clínica psicanalítica.

Na *esquizofrenia*, se mantém o investimento de cargas nas representações mentais, quer dizer, na representação de palavra. Entretanto, nas neuroses de transferência há o que se denomina de representação de coisa, quer dizer, investimentos de cargas nos traços de lembranças Inconscientes. Freud se pergunta se, nos casos de esquizofrenia, o processo que denominamos recalque ainda tem alguma coisa em comum com o recalque das neuroses de transferência. Este tema não é menor, trata-se de um elemento fundamental para a distinção das duas estruturas clínicas. Neste sentido, Lacan, em *O Seminário 3: As psicoses,* retornando a Freud, formaliza as estruturas clínicas a partir da operação de *Verneinung,* ou seja, da operação de negação em relação com a instância da lei, quer dizer, os modos de negar a castração. Assim temos: neurose como recalque (*Verdrängung*); perversão como desmentida (*Verleugung*); psicose como foraclusão (*Verwerfung*). Tanto para Freud quanto para Lacan é no modo de negação que se distinguem as estruturas clínicas. De acordo com Freud em *O Inconsciente*, nas *neuroses narcísicas*, a fuga — ou tentativa de fuga — do Eu é muito mais exaustiva e profunda.

Parece estranho que justamente a parcela dessa mesma representação de coisa que pertence ao sistema Préconsciente — ou seja, as representações de palavra que lhe correspondem — devam ter um investimento mais intenso. Nesses casos, o investimento de carga de representação de palavra não faz parte do ato de recalcar, mas representa a primeira das tentativas de reprodução ou cura que predominam tão evidentemente no quadro clínico da *esquizofrenia*. Esses esforços visam recuperar os objetos perdidos, e pode bem ser que, nesse intuito, eles sigam o caminho em direção ao objeto por meio da parcela desse objeto composto na mesma pela palavra, no entanto, ao seguirem por essa via, terão de se contentar com as palavras no lugar das coisas.

A relação entre palavras e coisas é muito cara para poetas e filósofos. Lacan diferencia poesia de psicose. "A poesia é a criação de um sujeito assumindo uma nova ordem de relação simbólica com o mundo" (Lacan, 1997, 94). Freud diz que a filosofia se parece com a esquizofrenia. O esquizofrênico trata as coisas concretas como se fossem abstratas. O filósofo faria o mesmo procedimento, confundiria coisas com palavras. Talvez seja por isso que o filósofo fala de palavras como Deus, imortalidade, origem última da realidade, como se fossem coisas, e se interroga acerca delas criando mundos metafísicos, sistemas paranoicos onde tudo deve ser integrado em um sentido. Para Freud, isso não seria apenas um problema semântico, mas um problema clínico, uma questão a ser tratada em análise.

PARTE III

As relações de
O Inconsciente
ou
Metapsicologia
com Clínica

"Vocês sabem que na verdade toda a teoria psicanalítica está edificada sobre a percepção da resistência que nos oferece o paciente quando tentamos tornar consciente seu inconsciente."

S. Freud, *Novas conferências de introdução à psicanálise*, 31ª Decomposição da personalidade psíquica, 1932.

Na tentativa de fornecer mais alguns elementos para a leitura do texto *O Inconsciente*, e poder avançar na ordem dos seus problemas e conceitualizações, me permito agora abordar quatro escritos freudianos e duas linhas de conexão externa. Os textos são: *Algumas observações sobre o conceito do Inconsciente na psicanálise* (1912), *O chiste e sua relação com o Inconsciente* (1905), *Psicopatologia da vida cotidiana* (1901) e *A interpretação dos sonhos* (1900). Já as neurociências e a filosofia servem como as duas linhas de conexão externa. Os textos servem para localizar problemas e conceitos que Freud trabalhava na teoria e na prática produzindo uma genuína posição política. As linhas de conexão podem ajudar a elucidar a posição da psicanálise em relação àqueles filósofos que reconhecem sua dívida com Freud, e àqueles que não cessam de exibir a pá com a qual pretendem executar a sepultura tão anunciada. No caso do diálogo com as neurociências, vamos nos limitar à posição de Eric Kandel e, no caso da filosofia, apresentaremos duas interpretações heideggerianas. Com isto acredito poder retomar o debate e a atualidade da insólita invenção do médico vienense do século XIX.

OS MÉDICOS TAMBÉM TÊM INCONSCIENTE OU *ALGUMAS OBSERVAÇÕES SOBRE O CONCEITO DO INCONSCIENTE NA PSICANÁLISE*

Em 1912, é solicitada a Freud sua contribuição com um artigo para a Parte Médica Especial das Atas da Sociedade de Pesquisas Psíquicas de Londres. Devemos a esse encargo a redação do texto *Algumas observações sobre o conceito do Inconsciente na psicanálise.*

Freud revela a inquietação que percorre sua vida. Torna público algo íntimo que estava em suas preocupações desde a infância, quando anotava seus sonhos, ou pelo menos desde os trabalhos com Charcot, Breuer e as cartas a Fliess. A questão é: como é que uma representação pode aparecer e desaparecer da minha consciência sem a influência de uma percepção sensorial, mas como mera lembrança? Esta é a pergunta que pauta o início do texto freudiano e o problema perante o qual Freud se encontra ao elaborar a noção de Inconsciente.

Freud define Consciente como a representação que se encontra na consciência e que é objeto da nossa percepção. Já Inconscientes são as representações latentes que suspeitamos estar contidas na vida psíquica, como acontece com a memória. Tratar-se-ia de uma representação que não percebemos externamente, mas afirmamos sua existência do ponto de vista da teoria. Segundo Freud, a memória, a associação e fundamentalmente a sugestão pós-hipnótica mostrariam a distinção entre Consciente e Inconsciente.

Freud descreve a experiência hipnótica como um fenômeno produzido artificialmente, onde pode ser introduzida uma prescrição que no retorno à vida consciente se transforma em ato: a ação executada é determinada pela ordem dada pelo médico no momento da hipnose. A ideia, no seu mandamento, é eficaz e inconsciente. Ou melhor, é eficaz porque é inconsciente. Assim também, segundo Freud, a vida anímica dos pacientes histéricos se mostra cheia de ideias eficazes, porém, Inconscientes. Delas procedem todos os sintomas significativos para a psicanálise. Os vômitos de uma analisante histérica podem ser a consequência da ideia de que está grávida, mesmo quando ela não tenha conhecimento algum sobre aquela ideia. A psicanálise consiste em fazer emergir essas ideias inconscientes eficazes que estão em todas as formas de neuroses. É preciso salientar que essas ideias inconscientes não são ideias fracas que se tornariam fortes e conscientes, senão elementos que governam boa parte das condutas, das escolhas e dos gostos do sujeito para aquém das escolhas conscientes. Para Freud, na neurose existem ideias fortes que não aparecem na consciência.

Mas o Inconsciente não se reduz apenas a casos patológicos. Em indivíduos normais, os *lapsus linguae*, os erros de memória, o esquecimento ou a troca de nomes de pessoas e coisas podem referir à atuação de intensas ideias inconscientes que provocariam esses atos psíquicos. Há então um Pré-consciente eficaz, que se torna facilmente consciente, e um Inconsciente eficaz, que parece estar dissociado da consciência. Para que o Inconsciente se torne consciente devemos experimentar uma clara sensação de uma defesa a ser vencida. Segundo Freud, trata-se de uma resistência. A ideia inconsciente é excluída da consciência por um sistema de forças que se opõe à sua recepção; essa repulsa é provocada por tendências encarnadas em seu conteúdo. Todo ato psíquico começa por ser Inconsciente e pode se tornar ou não consciente segundo a resistência do sujeito na consciência. Assim sendo, a diferenciação entre Consciente, Pré-consciente e Inconsciente pode ser estabelecida ou não segundo o modo de intervenção da defesa. Também existem ideias que surgem no consciente e podem voltar a qualquer momento.

Um modo eficaz para trabalhar em relação ao Inconsciente é através dos sonhos. A psicanálise se baseia na interpretação dos sonhos. A interpretação onírica é o labor mais completo da nossa jovem ciência, diria Freud há quase um século. Com efeito, uma formação onírica pode ser descrita como a atividade anímica diurna que desperta ideias eficazes, pondo-se em relação com os desejos inconscientes regularmente reprimidos e excluídos da consciência. Assim, aquilo que se exclui na vida em vigília por meio de mecanismos de repressão aparece na forma de um sonho. Por isso, os processos de formação dos sonhos nos permitem conhecer as peculiaridades do Inconsciente.

Como foi possível observar em várias oportunidades (e não apenas no texto que estamos referindo agora), Freud insistia em apresentar a psicanálise a seus colegas médicos a partir do conceito de Inconsciente. Por sua vez, este conceito era introduzido considerando o déficit ou a carência do conceito de consciência, o que levava a estabelecer o Inconsciente como algum tipo de hipótese ou estatuto de suposição. Essa suposição deveria fazer parte de um mecanismo de funcionamento que permitiria dar conta ou acolher a situação de analisantes que, por outras vias, seriam considerados simuladores ou mentirosos ou simplesmente como pessoas que, sem qualquer razão séria, estariam querendo chamar a atenção. Assim, com sua suposição, Freud buscava mostrar que não só daria conta do que se passava com esses "simuladores". Também era possível reconhecer o que acontece com qualquer pessoa que sonha, tem um lapso, troca um nome, tem um esquecimento ou perde um objeto. A "natureza" dos simuladores não seria diferente daquela dos médicos, que na vida cotidiana se deparam com irrupções do Inconsciente e ficam fixados em uma ideia, inibidos em suas relações pessoais, ou não param de repetir um rito.

DO QUE VOCÊ ESTÁ RINDO? OU *O CHISTE E SUA RELAÇÃO COM O INCONSCIENTE*

Em *O chiste e suas relações com o inconsciente*, Freud reconhece três filósofos que teriam se demorado sobre o tema do cômico, a saber: Kuno Fischer (1824-1907), Theodor Vischer (1807-87) e Theodor Lipps (1851-1914). Este último, segundo Freud, já teria admitido um "inconsciente psíquico" no mesmo sentido que ele. Esta declaração não é menor, pois Freud não se destaca por ser um sujeito que faz esse tipo de concessões. Lipps publicou em 1898 uma obra intitulada *Komikund Humor* à qual Freud se refere. Sem pretender um aprofundamento do tema, tentarei apresentar o núcleo da questão do livro de Freud e as relações declaradas com Lipps. O livro de Freud consta de três partes:

1) analítica (especialmente sobre a técnica e as intenções do chiste);
2) sintética (sobre o mecanismo do prazer, a psicogênese, os motivos e o fenômeno social do chiste);
3) teórica (o chiste como realização de desejo e sobre as variedades do cômico).

Os mecanismos do chiste que provocam o riso se fundam no trabalho psíquico de condensação e deslocamento, como modos de lidar com a censura e a sua consequente proibição em relação à agressividade e à sexualidade. A condensação se produz juntando duas palavras ou duas partes de palavras que não causariam nenhuma situação engraçada ficando separadas, mas sim juntas. O deslocamento usa as sequências de pensamento, o subentendido e o raciocínio pressuposto pelo interlocutor. Também encontramos jogos de palavras provocando modificação de sentido ou algum tipo de *nonsense* (sem sentido); modificação nas formas das palavras, provocando mudanças de sentido ou a transformação no sentido contrário; utilização de palavras que propiciam duplos sentidos; ou equívocos homofônicos, quer dizer, palavras que, com leves modificações na pronúncia ou acentuação, mudam de sentido. Com esses recursos se veiculam agressividade, cinismo, tendências sexuais, obscenidades e ceticismo, entre outros motivos que frequentemente se encontram censurados no discurso corrente. Assim, segundo Freud, com o chiste o sujeito consegue driblar os obstáculos impostos pela censura familiar ou social, imposta por meio da educação e do medo que efetivam a inibição e a repressão, e alcança uma satisfação, um ganho de prazer. Em termos lacanianos, poderíamos dizer um *plus* de gozo.

O chiste, como o sonho, é um modo de realizar o desejo, evitar o desprazer, conseguindo um prazer. Trata-se de um retorno ao Inconsciente infantil. Quando a criança começa a dominar a linguagem, o faz por meio do jogo de palavras, sem se preocupar com o sentido, apenas notando a variedade e a repetição de sons. Com a maturidade, esse prazer é inibido pela censura. Só poderá repetir essa situação em reuniões sociais onde o chiste é permitido. Com estes elementos podemos perceber que, do ponto de vista psicanalítico, o chiste não engana. O chiste é exatamente aquilo que não engana porque revela o que o processo de repressão se esmera em manter recalcado. Em análise, o chiste tem o estatuto de um sonho, um lapso ou um esquecimento. É uma ferramenta imprescindível que certamente contribui para levar adiante um tratamento analítico: seja porque se mostra como um dos caminhos de acesso ao inconsciente, ou porque permite a dupla situação, de se reconhecer naquilo que se diz e tomar distância da cena notando o absurdo ou o equívoco da mesma; seja ainda porque o riso pode ser catártico e também pode provocar uma mudança de posição subjetiva, encontrando na repetição a diferença. Quando rimos de nós estamos diante da possibilidade de um efeito de estranhamento. O que poderia ser a aflição de uma situação alienante pode ser vista como o produto do absurdo de uma conduta repetitiva que nos leva sempre ao mesmo lugar. Este estranhamento pode permitir que o sujeito se implique na cena e, deste modo, avance na análise.

O chiste também revela como determinadas condutas reprimidas são elevadas na sociedade ao estatuto de princípios morais. Ilustro com um exemplo fornecido por Possenti (1998, 86):

— O que é que o senhor acha do sexo antes do casamento?

— Nada contra, desde que não atrase muito a cerimônia.

Enquanto o primeiro pergunta por um princípio, o segundo responde por um trâmite. O efeito cômico se produz quando o ouvinte da piada reconhece no sexo um desejo que se revela para além das duas contextualizações. O desejo sexual perpassa o fundo dos dois modos de se posicionar em relação a ele e o ouvinte captura o sentido desde a posição de quem está atravessado pelo desejo.

Enfim, a partir dos elementos metapsicológicos de Freud é possível dizer que não teríamos compreendido nada do sistema inconsciente se não prestássemos os nossos ouvidos a uma boa piada. Aquilo do que você ri tem referência direta com aquilo que lhe diz respeito em seu Inconsciente e que se mantém reprimido.

EU POSSO EXPLICAR! OU *PSICOPATOLOGIA DA VIDA COTIDIANA*

Na obra *Psicopatologia da vida cotidiana*, Freud buscava mostrar elementos do dia a dia que permitissem reconhecer a existência do Inconsciente por meio dos atos falhos como gestos involuntários, gestos desastrados, erros de leitura, erros de escrita, lapsos, esquecimentos, negações, equívocos, perda, quebra ou esquecimento de um objeto significativo. O Inconsciente irrompe nos mínimos detalhes da ordem da vida cotidiana. Sabemos através de Freud que, em todos estes casos, trata-se da expressão de um desejo reprimido revelado na interrupção ou quebra da continuidade do discurso e do agir consciente, mas na posição de um acidente ou erro.

Freud afirmava que a substituição dos nomes estabelece uma situação de compromisso, na qual, ao mesmo tempo, se oculta e revela aquilo que se quer esquecer e lembrar. Trata-se de um compromisso entre uma intenção consciente do sujeito e um desejo inconsciente ligado a ele. Por exemplo, quando alguém troca o nome do namorado pelo nome de um colega de trabalho ou vice-versa, o desejo inconsciente se realiza, mas aparece como um equívoco de um discurso consciente de uma pessoa distraída. Dis-*traída* pelo Inconsciente. Dependendo da situação, o parceiro poderá compreender a fala como um engano, mas em alguns casos torna-se difícil uma explicação de compromisso.

A mesma situação é encontrada no equívoco que se origina quando escutamos algo que nunca foi dito. Numa conversa qualquer, ouvimos uma palavra ou uma sentença completa de forma nítida, porém, o emissor disse algo totalmente diferente. Em vez de A, escutamos Z. Esse mal-entendido pode estar relacionado com o nosso cansaço, mas também com ideias latentes. A ideia ou representante pulsional que estava recalcado aparece no consciente, assim, o ouvinte escuta nitidamente uma palavra que nunca foi pronunciada. Podemos tentar explicar o erro no registro da consciência quando há alguma proximidade fonética entre o que foi dito e o que escutamos, mas às vezes o desejo se revela sem permitir qualquer álibi.

Não só o equívoco nos apresenta este tipo de mecanismo. A mesma modalidade de funcionamento pode se achar no uso de apelidos em um casal. Uma análise dos apelidos de dois namorados revela bastante material para reconhecer o modo de relacionamento que se impõe. O apelido nomeia e dá um lugar na relação com o outro. "Você é minha mulher", "você é um Cachorrão", "Doce", "meu bem" ou o uso de diminutivos indicam o preciso lugar onde o enunciador do nome se coloca. O modo de nomear o outro coloca o sujeito numa posição determinada que não é sem consequências. Existem matrimônios em que o marido chama a esposa de mãe como um modo carinhoso de se referir a ela e colocá-la nesse lugar, mas também de se colocar num lugar determinado nessa relação.

Há também lembranças encobridoras desprovidas de perturbações, ocupando o lugar de lembranças infantis esquecidas com grandes cargas afetivas. Isso é o que poderíamos decididamente denominar de sintomático. O esquecimento momentâneo em uma situação de fala bem precisa, ou o esquecimento quase permanente de eventos, ou nomes bem próximos são elementos muito frequentes em análise. Pessoas muito inteligentes e com boa memória, que lembram os mínimos detalhes da sua profissão, às vezes apresentam esquecimentos de anos inteiros da sua vida com relação ao pai ou à mãe. O esquecimento é um recalque e a operação que se executa para manter o recalque é fazer aparecer uma lembrança de um evento que nunca existiu, encobrindo melhor ainda o esquecido.

O desejo realizado como equívoco ou as lembranças encobridoras são efeitos do mecanismo de funcionamento do sistema inconsciente nas suas mais variadas tentativas de realização de desejo. Nos casos mencionados, se encontra o que explicamos sobre a relação entre pulsão e repressão e os produtos derivados da mesma. Neste sentido, a metapsicologia do sistema de cargas e descargas energéticas não serve senão como condição de possibilidade de acolher os casos indicados como produtos do Inconsciente que se revelam em análise ou em elementos da cultura.

NÃO ERA APENAS UM SONHO...

> *A interpretação dos sonhos é a via régia que conduz ao conhecimento do Inconsciente da vida psíquica.*

Com esta frase de Freud em *A interpretação dos sonhos,* podemos ter uma ideia da importância da relação entre os elementos significantes da fala do analisante e os mecanismos do sistema inconsciente descritos na metapsicologia e que permitem levar adiante o trabalho analítico. Esta relação de elementos significantes, trazidos no relato do sonho, está presente na permanente retomada do trabalho freudiano que já se encontra nos rascunhos do início da década de 1890. Durante esses anos, Freud analisava seu *sonho da injeção de Irma*, que faz parte de *A interpretação dos sonhos* e redigia *Projeto de uma psicologia para neurologistas*. Não há como dissociar clínica de metapsicologia nem estabelecer um momento de ruptura intransponível entre uma etapa pré e outra psicanalítica sem perder a psicanálise. Para ser mais preciso, toda a teoria da interpretação dos sonhos foi finalizada no início de 1896, conforme o próprio Freud relata em *História do movimento psicanalítico* (1914). Sua publicação estava pronta em 1899 e os primeiros 600 exemplares levaram oito anos para ser vendidos. Mas os efeitos desse trabalho ainda estão por ser dimensionados.

No início do século XX iniciou-se uma avalanche de estudos da linguagem que se estendem até hoje, baseados na análise sintática de proposições. Essas pesquisas deram origem a importantes avanços na formalização de sentenças da linguagem cotidiana que, por exemplo, contribuíram para a criação de ferramentas de tradução automática ou para o desenvolvimento de corretores automáticos de texto. *A interpretação dos sonhos* nos coloca diante de outra sintaxe. Já não se trata de formalizar a linguagem cotidiana e compreender seu funcionamento, mas de acolher o relato do sonho e esboçar seu próprio mecanismo enquanto linguagem. O estudo do sonho, tal como

Freud nos propôs, pode ser homólogo ao que acontece com as palavras quebradas de Stefan George (1868-1933), o acaso transcendental do falante de Stéphane Mallarmé (1842-1898), as experiências literárias de Antonin Artaud (1896-1948), os jogos de sons de James Joyce (1882-1941) e a poética de Ezra Pound (1885-1972) — que romperam a sintaxe normativa da linguagem corrente e abriram outra possibilidade de subjetivação, isto é, de relação entre a linguagem e o desejo.

Para compreender o sonho, de acordo com Freud, devemos nos apropriar dos seguintes elementos: conteúdo manifesto, conteúdo latente, trabalho do sonho, trabalho de análise, restos diurnos, função de censura, condensação, deslocamento, representabilidade, elaboração secundária e teatralização.

A *condensação* é a reunião de várias imagens ou pensamentos em um elemento. Cada um dos elementos do sonho pode estar configurado por uma série de elementos de domínios diferentes, o que implica que cada elemento está sobredeterminado. A sobredeterminação expressa um processo de produção complexo e multívoco, que pode congregar relações causais diversas e contraditórias. O fenômeno se dá quando num sonho aparece um personagem com traços característicos que não lhe pertencem ou que fazem parte de outro personagem. Por exemplo, podemos sonhar com o irmão de nosso parceiro, mas invertendo seu sexo e modificando seu rosto. Cada um desses elementos aporta determinações diferentes e até contraditórias no mesmo personagem, isso porque o Inconsciente não responde ao princípio de identidade e de não contradição, senão a uma lógica do desejo que pode ser autocontraditória. Lembremos que uma pessoa pode querer e não querer a mesma coisa ou pessoa no mesmo momento. Isto não só acontece com o sonho, também está presente no lapso e no chiste e produz relações entre pensamentos ou ideias distantes por meio de aproximações inesperadas ou semelhanças de palavras. Também um evento da vida cotidiana pode aparecer sobredeterminado. Muitas vezes é "razoável" pensar que uma determinada situação tem uma determinada causa, mas às vezes pode ser pertinente considerar a possibilidade de haver mais de uma causa ou determinações que concorrem contraditoriamente, provocando um fato inesperado do ponto de vista da identidade. O termo *causa* pode ser utilizado em vários registros de determinação, o que implica causalidades concomitantes, por exemplo: pode haver uma causa biológica e uma causa psíquica que concorrem em um mesmo evento. Mas ainda dentro de um mesmo registro a causa pode estar sobredeterminada ou ainda pode ser uma convergência ou resultante de mais de duas causas em vários registros. Assim, a condensação se produz por sobredeterminação e contradição sem por isso derivar em um absurdo lógico. O filósofo Newton da Costa apresentou uma série de contribuições a área da lógica que demonstram que a existência de proposições contraditórias num sistema não implica a trivialidade do mesmo. Freud e da Costa, em âmbitos diferentes, mostram como é possível pensar eventos paralelamente à lógica da não contradição.

O *deslocamento* se produz quando no sonho se substituem ideias significantes por outras menos relevantes, encobrindo a manifestação de um desejo inconsciente. Assim, o relato do analisante surge carregado de elementos que, embora sejam encobridores, são indicativos de algo a ser revelado. Esse é o motivo pelo qual o analista e o analisante devem ficar atentos para os detalhes do relato. A situação se parece bastante com as que aparecem nos contos policiais de Edgar Allan Poe (1809-1849) ou Arthur Conan Doyle (1859-1930). O menor detalhe na cena do sonho pode ser imprescindível para sua interpretação.

O deslocamento também pode se dar em outras situações de análise. Por exemplo, o analisante relata um sonho no qual seu namorado o critica por estar com excesso de peso e isso gera um distanciamento. Na sequência do relato, o analisante observa, sem qualquer conexão evidente, que o analista parece excedido de peso e em seguida, também sem conexão evidente, comenta ter dificuldades para comparecer na próxima sessão de análise. Desloca-se, de uma situação para outra, transfere cargas pulsionais de um objeto para outro, mas também repete sem elaborar algo que procura se encobrir inconscientemente. Desvendar o que se encobre depende do rumo da interpretação em análise.

A *representabilidade* transforma ideias em imagens do sonho, por exemplo, quando substituímos frases de um texto por uma série de desenhos. Pode ser o caso de uma fala do pai do analisante que aparece no sonho, na imagem de um quadro pendurado na parede de um museu. A cena do quadro representa indiretamente aquilo que o analisante refere ao pai. Não é o quadro, é a fala do pai, mas representada no quadro.

A *elaboração secundária* compõe os elementos do sonho em uma coerência mais ou menos racional. A racionalização da narrativa do analisante organiza um verdadeiro muro de contenção para o desejo reprimido. Isso se agrava ainda mais quando o analisante é uma pessoa formada academicamente ou muito erudita. Porém, esse tipo de elaboração oculta revela o cenário da realização do desejo reprimido e por isso deve-se cuidar dos detalhes nos quais falávamos anteriormente.

Finalmente, a *teatralização* consiste em transformar a ideia em uma situação teatral. A teatralização está presente na montagem do sonho, mas também nos relatos que o analisante organiza para o analista. A escuta do analista deve ser orientada menos pela sequência teatral do relato que pelo ponto onde essa montagem fracassa, momento este da aparição do Inconsciente.

Segundo Freud, o conteúdo manifesto do sonho se mostra confuso e obscuro e deve dar lugar ao conteúdo latente que aparece após a análise. Dito de outra maneira, haveria mecanismos psíquicos que transformariam o *conteúdo latente* em *conteúdo manifesto* na tentativa de apagar os rastros daquilo que se quer esquecer, a isso se chamaria de *trabalho do sonho*, e a análise permitiria reconstruir a cadeia por meio das marcas significantes que se revelam no *trabalho de análise*. O mecanismo fundamental de deformação no trabalho do sonho é a *censura*, como sabemos pela nossa compreensão de *O Inconsciente*, situada na fronteira entre a consciência e o Inconsciente. Este mecanismo permite a passagem de alguns elementos retendo outros; aquilo que não passa no filtro da censura fica reprimido. No estado de sonho, o relaxamento próprio da situação — o estar deitado, dormindo — permite que alguns elementos reprimidos no estado de vigília possam passar com maior facilidade de um sistema para outro, porém, com modificações ou alterações feitas no mecanismo de censura que compõem novos produtos derivados. Este último é o que chamamos de uma *formação de compromisso* — fenômeno que podemos reconhecer não apenas no sonho como também em outras situações.

Os símbolos que aparecem no sonho servem, segundo Freud, para representar pessoas, partes do corpo e atividades de interesse erótico. O problema é que, embora tenhamos simbolizações universais que são mais ou menos reconhecidas por todos os membros de uma comunidade ou cultura, o sonho se articula com as associações livres do analisante. Elementos significantes para um analisante podem não ser para outro, mesmo que sejam membros da mesma cultura ou religião. O conjunto significante de cada analisante pode ser divergente. Isso impossibilita a tarefa de fazer uma simbologia geral ou universal.

Para Freud, o sonho se origina em grande medida dos desejos sexuais infantis reprimidos. Assim, o sonho, como realização de um desejo Inconsciente, revela e oculta. Alguém pode sonhar que acorda, vai até o banheiro e faz xixi. Quando acorda efetivamente vê que está molhado e que houve um passo que não aconteceu. Não era apenas um sonho. Sonhar pode também ser a realização do desejo de continuar dormindo e, como sabemos, realizar um desejo tem seu preço.

ALGUMAS CONSIDERAÇÕES GERAIS

Os exemplos dados mostram que toda a importância da metapsicologia consiste em estar ao serviço da análise de sonhos através dos seus significantes, dos chistes, dos equívocos, das lembranças e dos esquecimentos. Todos esses elementos têm um duplo aspecto: por um lado, se mostram como produtos do funcionamento do sistema inconsciente, por outro, se revelam de utilidade ímpar para o tratamento clínico.

Os elementos do dispositivo de formação dos atos falhos, dos sonhos e dos sintomas são basicamente os mesmos, a saber: deslocamentos, condensações, substituições de palavras e nomes ou diretamente a troca pelo contrário. Nenhum deles pode ser desacoplado do dispositivo descrito em *O Inconsciente*, sob a pena de perder metade da compreensão do seu funcionamento. Sem esse uso, a metapsicologia tem tanta utilidade quanto pode ser perigoso para uma zebra um tigre de papel.

O mecanismo do sistema inconsciente não pode ser tratado como um modelo de explicação fisiológica, mais ou menos precário, e passível de ser superado pelas novas descobertas da neurologia sem deixar de lado todo o trabalho clínico da psicanálise. É claro que alguém pode escolher fazer essa operação, mas nesse caso não estaria fazendo psicanálise e sim história da neurologia. Dessa forma, teria mudado os critérios epistemológicos e constituído alguma outra série de eventos que conformariam (talvez) a história das mentalidades ou a história das neurociências.

Os atos falhos, os sonhos, as fantasias e os sintomas também têm grande importância na hora de interpretar a relação entre o analista e o analisante. Todas essas situações podem ser elementos que permitam dirimir a posição na qual o analisante coloca o analista, isto é, a relação transferencial. Entretanto, somente as associações feitas pelo analisante são consideradas legítimas, caso contrário o analista apenas forçaria interpretações arbitrárias e sem cabimento. Ou seja, o analista não pode introduzir arbitrariamente interpretações na fala do analisante em nome de algum tipo de funcionamento metapsicológico. Isto é decisivo para a teoria e para o andamento do trabalho psicanalítico. No nosso caso, não se trata do trabalho do médico oferecer ao analisante uma interpretação objetiva do que realmente sucede com ele. Trata-se de um analista que procura contribuir com a possibilidade em uma experiência artificial do sujeito com o desejo e com as barreiras que o interditam. É nessa experiência que pode valer a metapsicologia para encaminhar o tratamento do que faz sintoma no analisante.

Não é em nome de uma metapsicologia que o analista é detentor de uma verdade a ser comunicada ao analisante sobre sua doença. Essa posição foi abandonada por Freud quando deixou de lado a terapia pela hipnose. A suposição do Inconsciente e de toda a metapsicologia tem como único intuito a possibilidade da escuta analítica da fala do analisante para ele poder ter que se haver com o desejo. Trata-se de um trabalho sobre atos falhos, lapsos, sonhos, fantasias, piadas e situações que em análise o sujeito poderá ou não reconsiderar em suas significações e emoções, e ainda se interrogar sobre o que está repetindo e elaborar.

OBSERVAÇÕES SOBRE A PSICANÁLISE E AS NEUROCIÊNCIAS

A psicanálise tem estabelecido relações multidirecionais com diferentes saberes. Desde a medicina até a crítica literária, desde a sociologia até a lógica, ela tem estreitado vínculos ou feito algum tipo de tradução e uso de conceitos. As neurociências não ficaram alheias a esse fenômeno.

Da perspectiva das neurociências, podemos observar dois posicionamentos distintos em relação à psicanálise. Um decididamente irreconciliável, que em geral adota a conjunção neurologia — psicologia cognitiva ou comportamental. E outro que procura se aproximar em uma relação de aliança diferente.

No ano de 1999, foi publicado o primeiro volume da revista *Neuro-psychoanalysis*. No ano seguinte, realizou-se em Londres o Primeiro Congresso Internacional de Neuropsicanálise. Na época, também foi fundada a Sociedade Internacional de Neuropsicanálise. Hoje, encontramos representantes desta tentativa de articulação na Europa, nos Estados Unidos, no Brasil, na Argentina, entre outros. A ideia se espalhou pelo mundo.

O exemplo emblemático deste grupo de pesquisadores é Eric Kandel, prêmio Nobel de Medicina em 2000 com o trabalho *The molecular biology of memory storage: a dialog between genes and synapses* [A biologia molecular da memória guardada: um diálogo entre os genes e as sinapses]. Em 1999, publicou no *American Journal of Psychiatry* um artigo intitulado *Biology and the future of psychoanalysis: a new intellectual framework for psychiatry revisited* que, de modo sintético, oferece elementos muito importantes para compreender a questão. Em 2005, lançou o livro *Psychiatry, Psychoanalysis, and the New Biology of Mind*, com vários artigos publicados anteriormente, de imprescindível consulta para quem quiser trabalhar o tema.

Para termos uma ideia geral da aproximação neurociência — psicanálise podemos evidenciar os pontos que são levados em consideração:

- Freud era neurologista e no ano de 1895 queria fazer uma psicologia para neurologistas.
- A psicanálise, como psicoterapia, utilizaria hipóteses heurísticas sobre o funcionamento psíquico que serviriam no trabalho reparador, isto é, de cura.
- Algumas das especulações de Freud poderiam ser comprovadas com as novas descobertas da biologia (por exemplo, Freud postulou que as emoções estavam nas estruturas cerebrais mais primitivas, o que a atual neurobiologia entende como uma afirmação correta).

- Em *Lições introdutórias à psicanálise*, Freud afirmava que a constituição hereditária e as experiências infantis conformavam a predisposição que poderia gerar a neurose. Em *Introdução ao narcisismo*, Freud dizia que talvez algum dia as ideias provisórias da psicologia estariam pautadas numa subestrutura orgânica.

Uma das críticas que é imputada à psicanálise é a de não ter progredido junto com as novas descobertas da biologia no que se refere ao funcionamento do cérebro. A prática psicanalítica teria um déficit, concernente ao fato de ter se afastado do projeto de ser uma ciência da natureza, deixando de lado os elementos da biologia que acompanhariam sua evolução e, portanto, ter-se-ia distanciado também dos progressos tecnológicos.

Esta última crítica é a mais ingênua. O fato de Freud ter trabalhado em fisiologia na sua juventude não significa que a psicanálise tenha que continuar por esse caminho. Pitágoras, Descartes e Leibniz eram filósofos e nem por isso a matemática perdeu alguma coisa por se afastar dos avanços da metafísica. A informática se derivou da matemática e nem por isso devemos denunciar os especialistas naquela área como desviados dos verdadeiros problemas da ciência. Esse tipo de crítica não é apenas ingênua: se baseia numa concepção epistemológica que nega as rupturas e as descobertas radicais que abrem a possibilidade de novos saberes. Entende que há conhecimento só por evolução e progresso. A psicanálise não é uma evolução na resolução de problemas e sim um acontecimento novo de um saber que reformula o fundamento dos próprios problemas. Tentaremos explicar mediante um breve rodeio.

Por tudo aquilo que foi mencionado até aqui, podemos dizer agora que a psicanálise tem como marca o reconhecimento dos processos e conteúdos inconscientes, supostos pela metapsicologia e revelados no trabalho analítico. Diferente desta orientação, as neurociências têm como objeto de estudo o cérebro, seus circuitos e as modificações surgidas a partir da intervenção catalisadora ou inibidora de substâncias ou patologias, tanto em humanos quanto em animais. De algum modo, parece que temos duas orientações divergentes, dois objetos diferentes, dois procedimentos metodológicos distintos. Embora Freud tenha afirmado explicitamente em várias oportunidades seu projeto de fazer da psicanálise uma ciência da natureza, o trabalho clínico obrigou-o a trabalhar em outro regime de causalidade, utilizando-se de outros saberes. Nesse sentido, os conceitos de Inconsciente, pulsão ou transferência são difíceis de serem assimilados pelo modelo de natureza do século XIX, porém são decisivos para a psicanálise. Talvez seja possível sustentar a ideia de que a psicanálise faz parte das ciências da natureza, desde que se mude o conceito mesmo de natureza utilizado pelas ciências comumente assim autodenominadas até o ponto de se poder incluir os conceitos da psicanálise. O conceito de natureza mudou várias vezes na história do Ocidente e isso permitiu o rearranjamento dos saberes. Na época medieval, a natureza era concebida como a obra divina do Criador e devia ser contemplada como obra de arte. No início da época moderna, com os trabalhos de Copérnico,

Galileu e Newton, a natureza se transformou em uma máquina capaz de ser entendida como um sistema de forças. Para os naturalistas do século XVIII, a natureza era farta e bondosa, por isso cada espécie se desenvolvia em seu ambiente, até que Darwin a considerou escassa e cruel, introduziu a ideia da luta pela vida e propôs a teoria da adaptabilidade. Talvez o estudo das diferenças epistemológicas entre a psicanálise e as neurociências nos permita avançar em uma nova reconceitualização da natureza e seja o caso de pensar um novo horizonte.

Para mostrar a diferença epistemológica de cada caso, podemos dar um exemplo. Por um lado, a neuro-logia como base das neurociências permite reconhecer, entre outras coisas, circuitos do cérebro que no seu funcionamento alterado produzem alucinações. Assim, podemos descrever qualquer processo alucinatório como uma disfunção. Sob esta perspectiva, alguns neurocientistas se arriscam a formular possibilidades de interdisciplinaridade. E uma das constantes que aparecem nesta tentativa é a de evitar a medicaliza-ção extrema e dar atenção ao contexto sociocultu-ral. Porém, a orientação continua sendo corrigir uma anomalia em função de um padrão. Por outro lado, na experiência psicanalítica sabemos que cada alucinação é um acontecimento singular, cada sujeito, com a sua história pessoal, com seus elementos significantes, com suas zonas erógenas, produz sua peculiar alucinação não apenas como efeito da causalidade natural, mas também como mecanismo psíquico de defesa. Dessa forma, haveria uma tentativa de compreensão sobre a complexidade dos vários processos mentais envolvidos na vida de um ser humano em um caso como transtornos patológicos e em outro como manifestações de processos inconscientes.

Da perspectiva das neurociências, podemos definir o sistema nervoso central como um sistema complexo, dinâmico e aberto. A execução das suas funções utiliza sistemas constituídos por milhões de neurônios em uma interconexão sináptica. Trata-se de um sistema adaptativo que vai modelando sua arquitetura e o exercício das suas funções ao longo da vida toda. As vivências pessoais e o ambiente social e natural são determinantes. Assim sendo, são construídas novas relações de neurônios e são bloqueadas outras. Dentro de um padrão, são feitas as individualidades em cada caso. Os estudos deste fenômeno são feitos em moluscos, chimpanzés e seres humanos e os resultados mostram a combinação de elementos genéticos e ambientais. Deste modo, em um ambiente nocivo, a falta de adaptabilidade e a predisposição física podem completar os ingredientes para provocar alterações fisiológicas e danos no sistema de neurônios nos indivíduos de qualquer espécie. No caso que nos interessa, o caso dos seres humanos, estas alterações podem ser compreendidas como sintomas. Para trabalhar sobre estes, as neurociências propõem diferentes técnicas terapêuticas. Kandel afirma que tanto a psicoterapia quanto os fármacos produzem mudanças de longo alcance nos pacientes. Nesse sentido, ele sugere um trabalho transdisciplinar. E aqui entra a aliança que se propõe com a psicanálise.

Segundo Kandel, a psicanálise deveria se renovar, desenvolvendo uma relação estreita com a biologia em geral e com a neurociência em particular. Esta relação implicaria mudanças conceituais e experimentais para a psicanálise. A neurociência poderia prover uma nova fundamentação à psicanálise, bem mais satisfatória que aquela dada pela velha metapsicologia. Tratar-se-ia de reescrever a metapsicologia à luz das novas descobertas da biologia, e de dar à psicanálise uma fundamentação neurobiológica. Com isso o conceito de Inconsciente deveria ser revisitado à luz dos mecanismos da biologia. As noções de esquecimento e repressão seriam mais bem elucidadas a partir de estudos sobre os mecanismos cerebrais da memória. Se não fizer isso, segundo Kandel, a psicanálise não poderá entrar nos padrões da ciência e deverá ser lida como um texto poético ou de filosofia como os de Platão, Shakespeare, Kant, Schopenhauer, Nietzsche e Proust.

A sugestão de Kandel é extremamente interessante e muito oportuna em vários pontos. Não se pode negar a importância dos novos resultados dos estudos da biologia, não só para a psicanálise como também para a vida cotidiana. Porém, a ideia de Kandel não é modificar a noção de natureza com o saber desenvolvido pela psicanálise, e sim mudar a psicanálise para poder efetivar sua inclusão dentro do antigo conceito de natureza. Kandel não questiona sua concepção de natureza e reduz as determinações causais à conceitualização dada no século XIX, perdendo assim os avanços das discussões sobre a causalidade que atravessam todo o século XX. Kandel questiona a metapsicologia freudiana, mas não se permite questionar o seu conceito de natureza nem sua vetusta teoria da causalidade.

Surgem ainda duas questões para interrogarmos:

1) A proposta de Kandel não restabeleceria mais uma vez o dualismo cartesiano mente-corpo que a própria biologia tanto questionou?
2) E se a psicanálise pudesse mesmo ser lida como se lê um texto poético ou de filosofia moderna?

A tentativa de resposta a estas perguntas abre diferentes caminhos de pesquisa e trabalho clínico. Seu desenvolvimento ainda está por ser feito, mas certamente são os modos que a psicanálise abre no século XXI como um saber do Inconsciente. Um novo conceito de natureza? Uma ciência ou uma poética do Inconsciente? Ou talvez um saber e uma prática que escapa constantemente às classificações epistemológicas das escolas acadêmicas?

SOBRE O INCONSCIENTE ENTRE A CLÍNICA E A FILOSOFIA

Freud era médico. Mas isso significa que ele era um antifilósofo? Pode ser, mas não pela sua profissão e sim pelo modo de se posicionar em relação a uma forma de pensar. Freud estudava neurologia. Mas em função disso devemos entender que as leituras de livros de filosofia eram motivadas pela falta de baralhos para jogar paciência? Seja como for, os livros de filosofia ocupavam sua mesa de trabalho. Em sua formação universitária, Freud teve como professor um dos grandes mestres da história da filosofia: Franz Brentano (1838-1917). Participou das suas aulas entre 1873 e 1876. Estudou Aristóteles (384-422 a.C.), John Stuart Mill (1806-73), Platão (428-347 a.C.), David Strauss (1808-74), Ludwig Feuerbach (1804-72), entre outros. A obra completa do fundador da psicanálise não poupa em referências à tradição filosófica. Desde Empédocles até Nietzsche, os filósofos são mencionados por diferentes motivos. E a menção não revela a ignorância de quem apenas lê a contracapa dos livros (até porque naquela época as contracapas não tinham comentário algum). Freud busca articular os conceitos dos pensadores com os problemas que aborda. Mas nem por isso se privou de fazer críticas a esta mesma tradição.

Para início de conversa, há um erro que devemos evitar: não podemos tomar a filosofia em bloco, como se fosse uma coisa só e a psicanálise como algo estancado; também não podemos estabelecer uma relação dicotômica *filosofia — Freud* e depois conferir quem ganhou a disputa. As críticas de Freud à filosofia se dirigem fundamentalmente à filosofia da consciência ou consciencialismo e ao transcendentalismo do inconsciente, como propõe Paul-Laurent Assoun (1978, 23 e 33). No caso do chamado consciencialismo, podemos dizer que ele não é privativo de uma parte da filosofia. Toda a psicologia da época e boa parte da contemporânea estiveram e estão pautadas pelo predomínio da consciência, ou melhor, pela sinonímia psíquico-consciência, estabelecendo assim, primeiramente, a dicotomia mente-corpo e, em segundo lugar, a unidade mente-corpo — unidade biossocial (ou ambiental). É contra isso que Freud aponta em *O Inconsciente* e não contra a filosofia como um discurso unificado e abstrato. A Freud interessa menos a filosofia que os conceitos que nela se elaboram e são utilizados pela psicologia da época. Trata-se de pensar o Inconsciente na especificidade que lhe cabe como hipótese fundamental para o trabalho analítico, como suposto, como elemento mitológico ou ficção heurística, e para isso ele ataca o reducionismo conceitual que se faz tanto em alguns discursos filosóficos quanto psicológicos.

Quando em 1913, em *Interesse pela psicanálise*, Freud declara que, após a psicanálise ter postulado a atividade anímica Inconsciente, a filosofia deverá tomar partido. Em caso de uma adesão, deverá modificar as suas concepções da relação do anímico com o corporal. O que está em jogo é menos uma rejeição da tradição filosófica e mais uma devolução de um problema, agora colocado sobre outras bases e com o convite de reformular a noção do que é corpóreo.

O primeiro a assimilar a questão, segundo Jones (1979), foi o professor de filosofia de Londres, Israel Levine, que publicou um livro intitulado *The Unconscious: An Introduction to Freudian psychology,* considerando Freud um filósofo judeu. O atributo de filósofo o colocava em um campo de discussão que não era o da neurologia. Esse deslocamento é pertinente porque as pesquisas freudianas se articulam com a própria história da filosofia. O desafio de Freud não teria cabimento se a filosofia, há bastante tempo, não houvesse tornado o sujeito um tema dos seus problemas fundamentais. Assim, ele se encaixaria no fluxo das disputas acerca da natureza humana, do homem, dos modos de aparecer ou de funcionamento daquilo que nós somos em cada caso. É essa a questão fundamental que boa parte da filosofia contemporânea encontra em Freud. O lado positivo é ter recolocado o problema e com isto ter desmontado as dicotomias da tradição e reformulado as perguntas, especialmente aquelas que se referem ao que é um corpo e quais são os limites da consciência e da razão.

Com críticas e elogios, a reflexão freudiana sobre o inconsciente deixou assim uma marca na filosofia do século XX. O lado negativo seria o fato de ele ter sido um herdeiro da teoria metafísica da subjetividade (Loparic, 2005, 266), motivo pelo qual não teria conseguido nem superar radicalmente nem desconstruir suficiente o sujeito moderno.

Sabemos muito bem que nem todos os filósofos do século XX que fizeram uma crítica à filosofia da consciência apresentada até o século XIX adotaram a categoria de Inconsciente. É o caso, por exemplo, de Edmund Husserl (1859-1938), Martin Heidegger (1889-1976) e Merleau Ponty (1908-61). Nesses casos, a saída foi encontrada pelo caminho da análise fenomenológica e desde esta perspectiva se colocam em relação crítica com Freud. Se Freud antes acusava os filósofos da tradição por não reconhecerem o conceito de Inconsciente e só encontramos sua menção em uma significação metafísica quando não mística, por sua parte, Martin Heidegger, numa carta de 1960 a Medard Boss, considerava como fatal, no sentido de ruim (Loparic, 2005, 257), a distinção moderna feita entre o consciente e o Inconsciente, na qual encontraríamos Freud. De acordo com Heidegger, Freud seria acusado de levar adiante um transcendentalismo no conceito de Inconsciente que restituiria a velha tradição que este queria questionar. Para a reflexão heideggeriana o Inconsciente não seria outra coisa que o mecanismo moderno de ocultamento do verdadeiro problema.

Em chave pós-heideggeriana, Loparic (2005) estabelece um recorte da obra freudiana que pode ser sintetizado do seguinte modo:

> "Para Freud, o psiquismo é um conjunto de fenômenos ou de processos mentais, conscientes ou inconscientes, de um indivíduo ou de um grupo de indivíduos, sediados em ou produzidos por uma psique (*Seele*). Os processos psíquicos são ditos mentais no sentido de serem atos representacionais carregados afetivamente. A distinção entre atos conscientes e inconscientes desse tipo é 'exclusivamente uma questão de percepção', ou seja, uma questão 'a ser respondida por sim ou por não' no campo da consciência. O psiquismo é, além disso, um processo natural, que, como qualquer outra disciplina elaborada no paradigma galileano, assume o pressuposto ontológico de que os fenômenos psíquicos obedecem às relações espaço-temporais e causais externas, constituindo 'correntes' ou 'cadeias', cujos elos são atos mentais singulares'" (Loparic, 2005, 262).

Segundo Loparic, Freud coisifica a subjetividade humana, naturaliza o psiquismo e, assim, restabelece a ordem metafísica que deve, necessariamente, ser desconstruída se quisermos, e devemos querer isso, alcançar o verdadeiro problema. Esse tipo de interpretação consiste em reconstruir um Freud cientista natural para depois acusá-lo de naturalista e, finalmente, passar a uma crítica do seu naturalismo mediante uma superação seguindo os parâmetros de outra teoria, onde se resgataria e elaboraria outro tipo de Inconsciente. Talvez esse modo de interpretação da metapsicologia freudiana ganhasse uma perspectiva mais enriquecedora, para a filosofia e para a psicanálise de Freud, se se resgatassem os conceitos, que tão bem elabora o próprio Loparic, de *ficções heurísticas* ou de certa provisoriedade dos conceitos metapsicológicos, sem a necessidade de compreendê-los como naturalizados. Mas para isso deveríamos abandonar os pressupostos heideggerianos para a compreensão da psicanálise, e em especial sua história da metafísica, onde inclui a todos os pensadores desde Parmênides até ele com um único fio condutor. Heidegger pensa que toda a história da filosofia, fora ele, é a história de um esquecimento. O esquecimento da pergunta pelo ser. No lugar de pensar o ser, pensou-se o ente. Pensou-se o ser como presença em vez de pensar o aberto do ser. Nos modos de presentificação do ser foram se colocando figuras que ocultariam a verdadeira questão, isto é, a questão do ser. Assim, Platão colocou a ideia, Aristóteles colocou a essência, a filosofia medieval colocou Deus, os modernos colocaram o sujeito, e Nietzsche colocou a vontade de potência. Nessa trilha, Freud teria colocado o Inconsciente, oferecendo mais uma figura para a série dos esquecimentos. Desse modo, o Inconsciente é interpretado como coisa, como substância, mas não como desconhecido, como impossível de ser localizado no cérebro, como não sendo uma entidade metafísica senão um elemento mítico ou mitológico (no estrito sentido em que Freud usa esse termo). Talvez uma discussão mais apurada do Inconsciente à luz dessa crítica possa nos fornecer mais elementos para pensar a verdadeira questão.

* * *

Em um viés neo-heideggeriano, Jacques Derrida (1930-2004) escreve em *Ser justo com Freud* contra algumas das considerações críticas de Michel Foucault (1926-84) sobre a psicanálise:[19] "Foucault quer e não quer situar Freud em um lugar histórico estabilizável, identificável e oferecido a uma apreensão unívoca. A interpretação ou a topografia do momento freudiano que ele propõe é sempre inquieta, dividida, móvel; alguns diriam ambígua; outros, ambivalente, confusa ou contraditória" (Derrida, 1997, 114). Por um lado, a virtude de Freud teria sido a de, junto com Nietzsche, retomar um diálogo com a loucura, um diálogo ao qual a psicologia não teria assistido. Por isso, para Foucault a psicanálise não é uma psicologia e, mais ainda, não é uma teoria geral do homem nem mesmo uma antropologia, expressões todas com as quais Derrida concorda. Por outro lado, o pecado de Freud teria sido

---

[19]Para um estudo sobre a relação de Foucault com a psicanálise, ver Lacerda Araújo, I. (2007)

o de não estar suficientemente louco. Essa loucura teria sido útil para estabelecer decididamente aquele diálogo, um verdadeiro e promissor diálogo de loucos. Não sendo assim, Freud será colocado do lado do Padre e do Juiz, da Família e da Lei, da Ordem, da Autoridade e do Castigo. Foucault coloca Freud em várias posições, algumas mais sedutoras, como sendo o porteiro de uma nova época da loucura. Já outras vezes o encontramos em situações menos nobres, como sendo o seguidor de uma continuidade metafísica que em nada mudou. Esta situação responde ao modo como Foucault estuda os acontecimentos. Um procedimento que os entende como não unívocos nem unidirecionais. Todas as posições em que Foucault coloca Freud refletem a multiplicidade de perspectivas possíveis que abre o evento da psicanálise. Perante o diagnóstico, Derrida se pergunta se o próprio projeto foucaultiano teria sido possível sem alguma das perspectivas abertas pela psicanálise, se a *História da loucura*, como esse modo de encontrar na loucura um saber, fosse possível sem ela. O que nos faz pensar em qual seria a série em que habitaria o próprio Foucault. Qual seria sua posição com relação à série aberta pelo evento do Inconsciente? Que série de eventos, acontecimentos ou saberes incluiria um projeto foucaultiano sobre a loucura? Poderíamos pensar a psicanálise e sua invenção fundamental (o Inconsciente) como condição de possibilidade do projeto foucaultiano? A resposta de Derrida não se deixa esperar: o projeto de Foucault pertence demasiado à idade da psicanálise na sua possibilidade (Derrida, 1997, 162). Embora Foucault tenha sido um crítico das noções de Inconsciente e desejo, sua história da loucura e da sexualidade e sua relação com a psicanálise mostram a marca de uma época aberta por Freud.

Mas não é só Foucault, também Derrida é um herdeiro da mesma época. Tanto uma filosofia quanto a outra são possíveis depois da crítica freudiana à teoria do sujeito moderno. Apesar de Derrida ter atrelado os conceitos da metapsicologia freudiana à tradição metafísica, como bom heideggeriano, tratou o inconsciente de forma direta e o associou à noção de traço, de marca escriturária, de diferença (Derrida, 1986, 1997b). Com esse movimento, Derrida nos permitir pensar o Inconsciente como aquilo que não é substância, nem substrato. Com essa orientação de leitura estaríamos em condições de pensar um novo conceito de natureza. Uma natureza que não exclua aquilo que escapa à causalidade das ciências do século XIX.

EPÍLOGO

Na primeira parte deste trabalho, tentei fazer uma apresentação sumária da história do conceito de Inconsciente dentro e fora da obra freudiana. O intuito foi mostrar que o conceito do texto de 1915 não surgiu do dia para a noite. Todo conceito tem uma história, muitas vezes esquecida, outras repetida automaticamente, funcionando como uma lembrança encobridora, mas em algum momento é possível elaborar e ressignificar o termo abrindo um novo campo de sentido. Isso foi o que aconteceu com o Inconsciente de Sigmund Freud. Desde os primeiros textos da tradição ocidental na Grécia Antiga até os trabalhos acadêmicos dos universitários alemães do século XIX, que mencionavam de diversas maneiras a noção de Inconsciente, encontramos os rastros do material que seria elaborado. Freud, como parte dessa tradição intelectual, repete o conceito até provocar sua elaboração. Assim, o Inconsciente tem uma história na história do pensamento e uma pré-história na história da psicanálise que o reconhece como um significante.

Na segunda parte desta obra, procurei fazer uma apresentação sistemática do texto *O Inconsciente*. O trabalho se fez seguindo menos um modelo estrutural e mais a ordem dos questionamentos que aparecem na leitura. Esse é o motivo de subtítulos interrogativos.

Na terceira parte, busquei elementos que me permitissem abrir a leitura do texto de 1915 dentro e fora da obra freudiana. Como podemos observar, o percurso que se desenha nos textos *A interpretação dos sonhos*, *Psicopatologia da vida cotidiana*, *O chiste e sua relação com o Inconsciente* e *Algumas observações sobre o conceito do Inconsciente na psicanálise* nos apresentam cadeias de pensamentos que nos permitem encontrar significados esquecidos ou apagados pelos processos de repressão que condicionam a interpretação da obra de Freud. Esses mecanismos de repressão operam sobre representantes pulsionais, ideias, ou significantes que nos conduzem a outros significantes de acordo com movimentos precisos. O intuito dessa parte foi mostrar a impossibilidade de dissociação da metapsicologia com a clínica sem que a psicanálise seja perdida na tentativa. Os conflitos psíquicos que decidem os destinos pulsionais se pautam pelo dispositivo descrito em 1915 com os textos de metapsicologia. Para afirmar isso não é necessária nenhuma interpretação rebuscada. Mas esses conflitos só são abordados na experiência de análise que é trabalhar sobre as cadeias de pensamentos (ideias, representantes pulsionais) ou cadeias significantes. Sem esse trabalho clínico a metapsicologia freudiana fica como um modelito *naïf* fora de moda.

O Inconsciente insiste em ser mais do que um conceito. Aparece como voz da linguagem popular, como ferramenta da clínica, como categoria de pensamento, como problema, como palavra sem sentido, como objeto de estudo, como tema de exame e até como elemento a ser decorado para avaliações universitárias. Ainda estamos na época de *O Inconsciente* de Sigmund Freud.

BIBLIOGRAFIA

ASSOUN, P. L. *Freud: a filosofia e os filósofos*. Rio de Janeiro: Francisco Alves, 1978.

BIRMAN, J. *Freud e a filosofia*. Rio de Janeiro: Jorge Zahar Editor, 2003.

BOCCA, F. V. "Cuidado com a cura!!!". In: PEREZ, D. O. *A eficácia da cura em psicanálise*. Curitiba: CVR, 2009, p. 23-44.

BORGES, J. L. *Funes el memorioso*. In: BORGES, J. L. *Obras completas*. Buenos Aires: Emece, 1994, p. 485-90.

CACCIOLA, M. L. Schopenhauer e o Inconsciente. In: KNOBLOCH, F. *O Inconsciente: várias leituras*. São Paulo: Escuta, 1991, p. 11-25.

CARAPRESO, F. "As origens do conceito de inconsciente psíquico na teoria freudiana". *Revista Natureza Humana* 5 (2), 329-50, jul-dez, 2003.

CESAROTTO, O. *Um affair freudiano: os escritos de Freud sobre a cocaína*. São Paulo: Iluminuras, 1989.

CLAVELIN, M. *La philosophie naturelle de Galilée: essai sur les origines et la formation de la mécanique classique*. Paris: Armand Colin, 1968.

DAMASCENO, M. H. A noção de não consciente dos filósofos e o inconsciente freudiano. *Revista Mal-Estar e Subjetividade*. vol. V, n. 1, mar/2005, p. 174-89.

DARWIN, C. H. *Diario del viaje de un naturalista alrededor del mundo*. Buenos Aires: El Elefante Blanco, 2003.

_____. *El origen de las espécies*. Barcelona: Planeta-Agostini, 1992.

DERRIDA, J. *Resistencias del psicoanálisis*. Buenos Aires: Paidós, 1997.

_____. *Mal de archivo. Una impresión freudiana*. Madri: Trotta, 1997b.

_____. *La tarjeta postal de Freud a Lacan y más allá*. México: Siglo XXI, 1986.

DI MATTEO, V. "A influência filosófica no pensamento freudiano". *Symposium Revista da Unicap*. vol. 24, n. 2, 1983, p. 35-46.

_____. "Do Inconsciente ao Id: gênese de uma ideia". *Symposium Revista da Unicap*, vol. 28, n. 1, 1986, p.118-36.

FERREIRA CARTA WINTER, C. A. *Confissão e cura: uma interlocução entre Foucault e a psicanálise freudiano-lacaniana* Curitiba: Juruá, 2006.

FREGE, G. *Estudios sobre semântica*. Madri: Hyspamerica, 1985.

FREUD, S. *Studienausgabe Ergänzungsband*. Frankfurt e Main: Fischer Taschenbuch Verlag, 1982.

_____. *Estudos sobre a histeria, 1895*. In: FREUD, S. Obras completas, vol. 1. Buenos Aires: Hyspamerica, 1988.

_____. *Tres ensayos para uma teoria sexual, 1905*. In: FREUD, S. Obras completas, vol. 6. Buenos Aires: Hyspamerica, 1988.

_____. *Los instintos y sus destinos, 1915a*. In: FREUD, S. Obras completas, vol. 11. Buenos Aires: Hyspamerica, 1988.

FULGÊNCIO, L. "Kant e as especulações metapsicológicas em Freud". *Kant e-prints,* vol. 2, n. 9, 2003.

GIACOIA JR., O. *Além do princípio do prazer: um dualismo incontornável*. Rio de Janeiro: Civilização Brasileira, 2008.

GRAMARY, A. "Charcot e a iconografia fotográfica de La Salpêtrière". *Revista Saúde Mental*, vol. X n. 3, maio/jun, 2008, p. 61-4.

HANNS, L. *A teoria pulsional*. Rio de Janeiro: Imago, 1999.

HUME, D. *Investigação acerca do entendimento humano*. São Paulo: Nova Cultural, 1999.

JONES, E. *Vida e obra de Sigmund Freud*. Rio de Janeiro: Zahar Editores, 1979.

KANDEL, E. "Biology and The Future of Psychanalysis: A New Intellectual Framework for Psychiatry Revisited". *American Journal of Psychiatry*, 156: 505-24, 1999.

_____. *Psychiatry, Psychoanalysis, and the New Biology of Mind*. Washington, D.C.: American Psychiatric Publishing, 2005.

KANT, I. *Crítica da razão prática*. São Paulo: Martins Fontes, 2002.

KOYRÉ, A. *Estudos de história do pensamento científico*. Rio de Janeiro: Forense Universitária, 1982.

LACAN, J. "Do símbolo e de sua função religiosa". In: LACAN, J. *O mito individual do neurótico*. Rio de Janeiro: Jorge Zahar, 2008, p. 45-83.

_____. "O seminário sobre A carta roubada". In: LACAN, J. *Escritos*. Rio de Janeiro: Jorge Zahar, 1998, p. 13-66.

_____. *Seminário 3: As Psicoses*. Rio de Janeiro: Jorge Zahar, 1997.

_____. *Seminário 23: O Sinthoma*. Rio de Janeiro: Jorge Zahar, 2007.

LACERDA ARAUJO, I. "A cura na crítica de Foucault à psicanálise freudiana". In: PEREZ, D. O. *Filósofos e terapeutas: em torno da questão da cura*. São Paulo: Escuta, 2007.

LEIBNIZ, G. W. *Novos ensaios sobre o entendimento humano.* São Paulo: Editora Nova Cultural, 1999.

LOPARIC, Z. O conceito de Trieb na psicanálise e na filosofia alemã. In: MACHADO, J. A. T. (org.) *Filosofia e psicanálise: um diálogo.* São Paulo: EDIPUCRS, 1999, p. 97-157.

_____. "É dizível o inconsciente?". *Revista Natureza Humana*, vol. 1, n. 2, 1999, p. 323-85.

_____. "De Kant a Freud: um roteiro". *Revista Natureza Humana*, vol. 5, n. 1, 2003.

_____. "Além do Inconsciente: sobre a desconstrução heideggeriana da psicanálise". In: FULGENCIO, L. & SIMANKE, R. T. (org.) *Freud na filosofia brasileira.* São Paulo: Escuta, 2005, p. 257-304.

MEZAN, R. *Freud: a trama dos conceitos.* São Paulo: Perspectiva, 2003.

MIRANDA DE ALMEIDA, R. *Nietzsche e Freud, eterno retorno e compulsão à repetição.* São Paulo: Edições Loyola, 2005.

PEREZ, D. O. (org.) *Filósofos e terapeutas: em torno da questão da cura.* São Paulo: Escuta, 2007.

_____. *Kant e o problema da significação.* Curitiba: Champagnat, 2008.

_____. (org.) *A eficácia da cura em psicanálise.* Curitiba: CVR, 2009.

_____. "A psicanálise como experiência ética e o problema da cientificidade". *Revista Mal-estar e Subjetividade*, vol. IX, n. 4, dez/2009b, p. 1.203-32.

POSSENTI, S. *Os humores da língua: análise linguística de piadas.* Campinas: Mercado de Letras, 1998.

ROHDEN, V. "Representações não conscientes em Kant". *Revista Ad-Verbum*, n. 9, 2009, p. 3-9.

ROUSSEAU, J. J. *Do contrato social ou princípios do direito político*. São Paulo: Nova Cultural, 1999.

SAUSSURE, F. *Curso de linguística geral*. São Paulo: Cultrix, 1973.

SCANDELARI, B. Transitoriedade e permanência na construção freudiana do inconsciente. Revista *Ad-Verbum* n. 3 (1), jan-jul, 2008, p. 59-67.

SCHOPENHAUER, A. *O mundo como vontade e representação*. São Paulo: Unesp, 2007.

VEGAS, M. Z. *A noção freudiana de construção*. Curitiba: Juruá, 2008.

CRONOLOGIA DE SIGMUND FREUD*

1856: Sigmund Freud nasce em Freiberg, antiga Morávia (hoje na República Tcheca), em 6 de maio.

1860: A família Freud se estabelece em Viena.

1865: Ingressa no *Leopoldstädter Gymnasium*.

1873: Ingressa na faculdade de medicina em Viena.

1877: Inicia pesquisas em neurologia e fisiologia. Primeiras publicações (sobre os caracteres sexuais das enguias).

1881: Recebe o título de Doutor em medicina.

1882: Noivado com Martha Bernays.

1882-5: Residência médica no Hospital Geral de Viena.

1885-6: De outubro de 85 a março de 86, passa uma temporada em Paris, estagiando com Charcot no hospital Salpêtriére, período em que começa a se interessar pelas neuroses.

1884-7: Dedica-se a estudos sobre as propriedades clínicas da cocaína, envolve-se em polêmicas a respeito dos efeitos da droga.

1886: Casa-se com Martha Bernays, que se tornará mãe de seus seis filhos.

1886-90: Exerce a medicina como especialista em "doenças nervosas".

1892-5: Realiza as primeiras pesquisas sobre a sexualidade e as neuroses; mantém intensa correspondência com o otorrinolaringologista Wilhelm Fliess.

1895: Publica os *Estudos sobre a Histeria* e redige **Projeto de psicologia para neurólogos**, que só será publicado cerca de cinquenta anos depois.

1896: Em 23 de outubro, falece seu pai, Jakob Freud, aos 80 anos de idade.

1897-9: Autoanálise sistemática; redação de **A interpretação dos sonhos**.

1899: Em 15 de novembro, publicação de *A interpretação dos sonhos*, com data de 1900.

1901: Em setembro, primeira viagem a Roma.

1902: Fundação da "Sociedade Psicológica das Quartas-feiras" (que em 1908 será rebatizada de Sociedade Psicanalítica de Viena). Nomeado Professor Titular em caráter extraordinário da Universidade de Viena; rompimento com W. Fliess.

1903: Paul Federn e Wilhelm Stekel começam a praticar a psicanálise.

1904: **Psicopatologia da vida cotidiana** é publicada em forma de livro.

1905: Publica *Três Ensaios sobre a Teoria da Sexualidade, O Caso Dora, O Chiste e sua relação com o Inconsciente*. Edward Hitschmann, Ernest Jones e August Stärcke começam a praticar a psicanálise.

1906: C. G. Jung inicia a correspondência com Freud.

1907-8: Conhece Max Eitingon, Jung, Karl Abraham, Sándor Ferenczi, Ernest Jones e Otto Rank.

1907: Jung funda a Sociedade Freud em Zurique.

1908: Primeiro Congresso Psicanalítico Internacional (Salzburgo). Freud destrói sua correspondência. Karl Abraham funda a Sociedade de Berlim.

1909: Viagem aos Estados Unidos, para a realização de conferências na Clark University. Lá encontra Stanley Hall, William James e J. J Putman. Publica os casos clínicos *O homem dos ratos* e *O pequeno Hans*.

1910: Congresso de Nurembergue. Fundação da Associação Psicanalítica Internacional. Em maio, Freud é designado Membro Honorário da Associação Psicopatológica Americana. Em outubro, funda o *Zentralblatt für Psychoanalyse*.

1911: Em fevereiro, A. A. Brill funda a Sociedade de Nova Iorque. Em maio, Ernest Jones funda a Associação Psicanalítica Americana. Em junho, Alfred Adler afasta-se da Sociedade de Viena. Em setembro, realização do Congresso de Weimar.

1912: Em janeiro, Freud funda a revista *Imago*. Em outubro, Wilhelm Stekel se afasta da Sociedade de Viena.

1912-14: Redige e publica vários artigos sobre técnica psicanalítica.

1913: Publica **Totem e tabu**.

1913: Em janeiro, Freud funda a *Zeitschrift für Psychoanalyse*. Em maio, Sándor Ferenczi funda a Sociedade de Budapeste. Em setembro, Congresso de Munique. Em outubro, Jung corta relações com Freud. Ernest Jones funda a Sociedade de Londres.

1914: Publica **Introdução ao narcisismo**, *História do Movimento Psicanalítico* e redige o caso clínico *O Homem dos Lobos*. Em abril, Jung renuncia à presidência da Associação Internacional. Em agosto, Jung deixa de ser membro da Associação Internacional.

1915: Escreve o conjunto de artigos da chamada Metapsicologia, nos quais se inclui em **As pulsões e seus destinos**, **Luto e melancolia** (publicado em 1917) e **O Inconsciente**.

1916-17: Publicação de *Conferências de Introdução à Psicanálise*, últimas pronunciadas na Universidade de Viena.

1917: Georg Grodeck ingressa no movimento psicanalítico.

1918: Em setembro, Congresso de Budapeste.

1920: Publica **Além do princípio do prazer**, onde introduz os conceitos de "pulsão de morte" e "compulsão à repetição"; início do reconhecimento mundial.

1921: Publica *Psicologia das Massas e Análise do Ego*.

1922: Congresso em Berlim.

1923: Publica *O Ego e o Id*; descoberta de um câncer na mandíbula e primeira das inúmeras operações que sofreu até 1939.

1924: Rank e Ferenczi manifestam divergências em relação à técnica analítica.

1925: Publica *Autobiografia* e *Algumas consequências psíquicas da diferença anatômica entre os sexos*.

1926: Publica *Inibição, sintoma e angústia* e *A questão da análise leiga*.

1927: Publica **Fetichismo** e *O Futuro de uma Ilusão*.

1930: Publica **O mal-estar na civilização**; entrega do único prêmio recebido por Freud, o prêmio Goethe de Literatura, pelas qualidades estilísticas de sua obra. Morre sua mãe.

1933: Publica *Novas Conferências de Introdução à Psicanálise*. Correspondência com Einstein publicada sob o título de *Por que a guerra?* Os livros de Freud são queimados publicamente pelos nazistas em Berlim.

1934: Em fevereiro, instalação do regime fascista na Áustria, inicia o texto *Moisés e o Monoteísmo*, cuja redação e publicação continuam até 1938-39.

1935: Freud é eleito membro honorário da British Royal Society of Medicine.

1937: Publica *Construções em análise* e *Análise terminável ou interminável*.

1938: Invasão da Áustria pelas tropas de Hitler. Sua filha Anna é detida e interrogada pela Gestapo. Partida para Londres, onde Freud é recebido com grandes honras.

1939: Em 23 de setembro, morte de Freud, que deixa inacabado o *Esboço de Psicanálise*; seu corpo é cremado e as cinzas colocadas numa urna conservada no cemitério judaico de Golders Green.

---

*Os títulos assinalados em negrito marcam os livros que integram a coleção Para ler Freud.

OUTROS TÍTULOS DA COLEÇÃO PARA LER FREUD

A interpretação dos sonhos — A caixa-preta dos desejos, por John Forrester

Psicopatologia da vida cotidiana — como Freud explica, por Silvia Alexim Nunes

Além do princípio do prazer — Um dualismo incontornável, por Oswaldo Giacoia Junior

As duas análises de uma fobia em um menino de cinco anos — O pequeno Hans — a psicanálise da criança ontem e hoje, por Celso Gutfreind

As pulsões e seus destinos — Do corporal ao psíquico, por Joel Birman

Compulsões e obsessões — uma neurose de futuro, por Romildo do Rêgo Barros

Fetichismo — colonizar o outro, por Vladimir Safatle

Histeria — O princípio de tudo, por Denise Maurano

Luto e melancolia — À sombra do espetáculo, por Sandra Edler

O complexo de Édipo — Freud e a multiplicidade edípica, por Chaim Samuel Katz

Totem e tabu — Um mito freudiano, por Caterina Koltai

O mal-estar na civilização — As obrigações do desejo na era da globalização, por Nina Saroldi

Este livro foi composto na tipografia
ITC Berkeley Oldstyle Std, em corpo 10,5/15, e
impresso em papel off-white no Sistema Digital Instant
Duplex da Divisão Gráfica da Distribuidora Record.